ENCYCLOPEDIA BROWN #1: BOY DETECTIVE by Donald J. Sobol

Copyright ⓒ 2009 by Sallim Publishing Co., Ltd.
All rights reserved including the right of
reproduction in whole or in part in any form.
This Korean edition was published by Sallim Publishing Co., Ltd.
in 2009 by arrangement with Dutton Children's Books,
a division of Penguin Young Readers Group, a member of
Penguin Group (USA) Inc. through KCC(Korea Copyright Center Inc.), Seoul.

이 책의 한국어판 저작권은 ㈜한국저작권센터(KCC)를 통한
저작권자와의 독점 계약으로 ㈜살림출판사에 있습니다.
저작권법에 의해 한국 내에서 보호를 받는 저작물이므로 무단 전재와 복제를 금합니다.

도널드 제이 소볼 지음 박기종 그림 이정아 옮김
신나는 과학을 만드는 사람들 감수

살림어린이

추천의 글

    과학은 재미있고 즐거운 공부입니다. 하지만 보통 과학은 어렵고 지루하다고 느끼는 경우가 대부분입니다. 그렇다면 좀 더 재미있고 즐겁게 과학을 알 수 있는 방법은 무엇일까요? 바로 우리 주변에서 일어나는 일들을 주의 깊게 관찰하여 차근차근 과학에 접근하는 것입니다.

    과학 탐정 브라운은 주변에서 일어나는 사건들을 해결하는 과정을 통해 재미있는 방식으로 과학을 이해합니다. 소년 탐정이 사건을 하나씩 해결하는 과정을 따라가다 보면 어느새 과학의 즐거움을 느낄 수 있을 것입니다.

    뿐만 아니라 과학 솔루션에서 사건과 관련된 과학 원리를 설명해 주어서 과학을 좀 더 쉽게 이해할 수 있습니다.

    과학 솔루션은 초등 교과 과정과 연관된 물리, 화학, 생물, 지구 과학을 다양하게 접할 수 있도록 구성하였습니다. 이러한 과학 원리의 기초를 잘 익혀 두면 중·고등학교에 진학해서도 과학을 쉽게 공부하는 데 큰 도움이 될 것입니다.

지금부터 여러분은 과학 탐정이 되어서 생각하고 행동해 보세요. "과연 왜 그럴까?" 하는 호기심을 가지고 출발하면 됩니다. 이 호기심들을 논리적으로 풀어 나가다 보면 어느새 사건을 해결하는 동시에 과학적인 사고도 쑥쑥 커져 있을 것입니다.

자, 이제 과학을 재미있게 경험할 준비가 되었나요? 인사이클로피디아가 되어서 사건 속에 숨어 있는 과학을 찾아 나서 봅시다.

신나는 **과학**을 만드는 **사람**들

등장인물

로로이 브라운

한 번 읽은 것은 모두 기억하여 '인사이클로피디아'라 불림.
타고난 추리력으로 사설탐정소를 운영하고 있다.

브라운 경찰서장

아이다빌 시의 경찰서장이자 브라운의 아버지.
잘난 아들 덕에 범죄 해결은 만사 OK!

샐리 킴볼

미모와 지혜와 운동 신경을 모두 갖춘 전학생.
브라운의 사설탐정소 동업자이자 보디가드로 활약한다.

벅스 미니

말썽쟁이 소년 집단 호랑이 패의 우두머리.
브라운과 샐리를 미워하고 복수를 꿈꾸기도 한다.

- 걸어 다니는 백과사전 소년   8
- 호랑이 패들과의 한판 승부   20
- 장군의 칼은 진짜일까?   32
- 막상막하 샐리와의 두뇌 대결   44
- 사라진 다이아몬드 목걸이를 찾아라!   56
- 장님 목격자의 거짓 증언   68
- 들통 난 알리바이   82
- 수박에 꽂힌 칼의 주인은 누구일까?   94
- 누가 탐정의 롤러스케이트를 훔쳤나?   108
- 달걀 돌리기 챔피언의 비밀   120

걸어 다니는 백과사전 소년

아이다빌 시에 사는 브라운 씨 집에는 아이가 한 명 있었어요. 부모님과 학교 선생님들은 그 아이를 '르로이'라고 불렀지요. 그러나 다른 사람들은 모두 그 아이를 백과사전이라는 뜻의 '인사이클로피디아'라고 불렀어요.

백과사전은 모든 분야의 지식을 순서대로 정리하여 정보를 알려 주는 책이지요. 인간 백과사전처럼 책에서 배운 내용을 모조리 기억하고 있는 르로이 브라운은 마치 신발을 신고 돌아다니는 이동도서관 같았어요.

낱말 맞추기를 하는 노부인들은, 르로이가 지나갈 때면 항상 불러 세워서 무엇인가를 물어보곤 했지요.

지난 일요일에도 예배를 마치고 집으로 돌아가는 르로이에게 정육점을 하는 콘웨이 부인이 물었어요.

"르로이, 알파벳 에이로 시작하고 세 글자로 된 스위스의 강 이름이 뭐니?"

잠시 후 인사이클로피디아가 대답했지요.

"아르 강이요."

인사이클로피디아는 대답하기 전에 늘 잠깐씩 뜸을 들였어요. 도와주고 싶은 마음에 곧바로, 그것도 너무 똑소리 나게 대답을 하면 사람들이 좋아하지 않을까 봐 걱정됐기 때문이지요.

인사이클로피디아에게 가장 질문을 많이 하는 사람은 바로 아이다빌 시의 경찰서장인 아버지 브라운 씨였어요.

아이다빌 시에는 네 개의 은행과 세 개의 영화관이 있었어요. 여느 도시들처럼 거리에는 가로수가 줄지어 서 있었고, 주유소며 가게들, 교회와 학교들, 아늑해 보이는 집들이 있었어요. 그 정도 규모의 도시들이 그러하듯 범죄도 종종 일어났지요. 겉으로 보기에 아이다빌 시는 평범한 도시처럼 보였지만 사실은 아주 별난 곳이었어요.

최근 일 년 동안 아이다빌 시에서는 잡히지 않은 범죄자가 없었어요. 물론 아이다빌 시의 경찰이 영리하고 용감한 까닭도 있었지만 가장 큰 이유는 브라운 경찰서장이 인사이클로피디아의 아버지였기 때문이었어요.
　어려운 사건이 생기면, 경찰서장의 붉은 벽돌집에서 인사이클로피디아가 저녁 식사를 할 동안 해결해 냈어요. 그 덕에 사람들은 모두 아이다빌 시의 경찰이 세상에서 가장 똑똑하다고 생각했어요. 유능한 경찰의 배후에 이렇게 어린 소년이 있을 것이라고는 아무도 짐작하지 못했던 것이지요.
　인사이클로피디아의 모습을 보면 더더욱 그럴 수밖에 없었어요. 겉으로 보면 평범한 5학년 남학생들과 별다른 데가 없었으니까요. 다만 자신에 대해서는 말 한마디 안 하는 소년이라는 것만 빼면 말이지요.
　브라운 경찰서장 역시 아들에게 얻은 조언에 대해 입도 벙긋하지 않았어요. 경찰서장이 거느린 최고의 탐정이 고작 10살짜리 소년이라는 것을 믿을 사람이 세상에 있겠어요?
　인사이클로피디아가 소년 탐정으로 활약하게 된 이야기의 시작은 이랬어요.

어느 날 저녁, 식사를 하던 브라운 경찰서장이 입을 열었어요.

"내티 네트가 또 사고를 쳤단다. 바로 우리 아이다빌 시에서 가게 하나를 털었지 뭐냐!"

"무슨 가게를요, 아빠?"

인사이클로피디아가 물었어요.

"딜런 씨와 존스 씨가 함께 운영하는 남성용품 가게란다. 이달 들어 우리 시에서만 벌써 가게 여섯 곳을 턴 셈이야."

"강도가 내티 네트였던 게 확실해요?"

"딜런 씨가 내티 네트였다고 분명히 말했어."

브라운 경찰서장은 주머니에서 수첩을 꺼내 식탁 위에 올려놓았어요.

"딜런 씨가 강도 사건에 대해 말한 내용을 빠짐없이 수첩에 적어 놓았지. 내 읽어 주마."

인사이클로피디아는 두 눈을 감았어요. 이것은 인사이클로피디아가 무엇인가를 골똘히 생각할 때 나오는 버릇이지요.

브라운 경찰서장은 가게 주인인 딜런 씨가 했던 말 그대로 소리 내어 읽기 시작했어요.

"가게에는 나 혼자 있었어요. 사람이 들어오는 소리를 전혀 듣지 못했는데 난데없이 두 손을 들라는 남자 목소리가 들리지 뭡니까! 고개를 들었더니 신문에서 본 내티 네트가 눈앞에 있었어요. 그는 뒤에 벨트가 달린 코트를 걸치고 있었어요. 신문에 난 모습 그대로 말이지요. 그자는 내게 돌아서서 벽을 보라더군요. 총을 들고 있었기 때문에 난 시키는 대로 할 수밖에 없었어요. 그리고 다시 돌아보았을 때에는 돈을 몽땅 갖고 사라진 후였어요."

다 읽은 브라운 경찰서장은 수첩을 덮었어요.

인사이클로피디아가 궁금한 것을 물었어요.

"신문에 내티 네트의 사진이 나온 적이 있나요?"

"아니. 그자는 사진에 찍히도록 가만히 서 있는 사람이 아니야. 여태껏 잡힌 적이 없다고 말했던 거 기억나니? 하지만 우리 시의 모든 경찰은 그자가 뒤에 벨트가 달린 코트를 입는다는 걸 알지."

"그 사람의 진짜 이름을 아는 사람도 없고, 내티 네트는 그저 신문에서 붙여 준 이름이란 말이죠."

인사이클로피디아가 혼잣말처럼 중얼거렸어요. 그러다가

갑자기 감았던 눈을 번쩍 뜨며 말했어요.

"결국, 딜런 씨가 강도를 내티 네트라고 여기는 유일한 근거는 뒤에 벨트가 달린 코트란 말이군요! 이제 사건은 풀렸어요!"

"풀고 말고 할 게 없지. 이건 미스터리가 아니야. 딜런 씨가 강도를 당했고, 그 강도는 그동안 우리 시에서 다른 가게들을 털어 온 내티 네트가 분명한걸."

브라운 경찰서장이 단정 짓듯 말했어요.

"꼭 그런 건 아니에요. 그 가게는 강도에게 털리지 않았어요."

"그게 무슨 말이냐?"

"제 말은 딜런 씨가 강도를 당하지 않았다는 뜻이에요, 아빠. 딜런 씨가 거짓말을 한 거라고요."

"딜런 씨가 왜 거짓말을 하겠니?"

"제 짐작으로는 딜런 씨가 가게의 돈을 써 버린 것 같아요. 동업자인 존스 씨가 돈이 없어졌다는 걸 알게 될까 봐 강도를 당했다고 거짓말을 한 거예요."

"르로이, 네 말이 무슨 뜻인지 설명 좀 해 다오."

그때 르로이의 엄마가 끼어들었어요.

"간단해요, 엄마. 딜런 씨는 신문에서 내티 네트에 대한 기사를 죄다 읽었어요. 그래서 내티 네트가 가게를 털 때 뒤에 벨트가 달린 코트를 입는다는 걸 알았어요."
"계속하렴, 르로이."
몸을 앞으로 기울이며 브라운 경찰서장이 말했어요.
"딜런 씨는 사람들이 신문에서 읽어 잘 알고 있는 내티 네트에게 강도 짓을 둘러씌우면 훨씬 더 그럴듯하게 들릴 거라고 생각한 거죠."
"하지만 강도를 당했다는 게 사실일 수도 있잖니?"
브라운 경찰서장이 말했어요.
"사실이 아닐 수도 있고요. 딜런 씨는 강도의 등을 본 적이 없거든요. 아까 아빠가 그렇게 말씀하셨는데, 생각 안 나세요?"
브라운 경찰서장은 얼굴을 찌푸리며 수첩을 다시 집어 들고 한참을 속으로 읽었어요.
잠시 후 브라운 경찰서장은 소리치듯 말했어요.
"르로이, 네 말이 맞구나!"

인사이클로피디아는 이것을 어떻게 알았을까요? ○ 19쪽에 해결이 있어요.

과 학 솔 루 션

왜 우리는 뒤에 있는 물체를 볼 수 없을까요?

그는 뒤에 벨트가 달린 코트를 걸치고 있었어요.
신문에 난 모습 그대로 말이지요.

빛이 가지고 있는 성질

여러분은 빛이 가지고 있는 성질을 아나요? 빛은 일반적으로 직진하는 성질을 가지고 있습니다.

이것은 우리 생활 주변에서도 쉽게 찾아볼 수 있습니다. 예를 들어 창문 틈으로 들어오는 빛이나 구름 사이로 비추는 햇빛을 잘 관찰해 보면 빛이 휘지 않고 똑바로 직진한다는 것을 쉽게 알 수 있습니다.

직진하는 빛은 닿는 물체에 따라 반사나 굴절하는 성질을 가지고 있습니다. 여기에서 반사란 들어간 빛이 그 각도 그대로 다시 나오는 것을 말합니다.

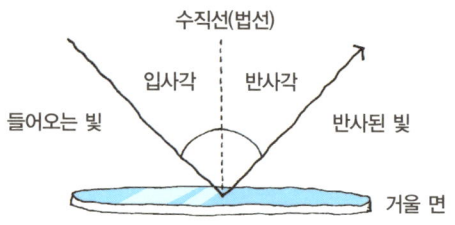

모든 물체는 들어간 빛의 각도와 반사된 빛의 각도가 같은데, 거울의 경우 거울 면이 매끄럽기 때문에 물체에서 나온 빛들이 모두 같은 각도로 나란하게 반사됩니다. 이 경우 우리는 거울에 비친 물체를 볼 수 있는데, 이러한 것을 정반사라고 합니다.
　하지만 종이처럼 표면이 매끄럽지 않은 경우에는 나란하게 들어간 빛들이 여러 방향으로 반사되기 때문에 종이에 비친 물체의 모습은 볼 수 없답니다. 이러한 경우를 난반사라고 합니다.

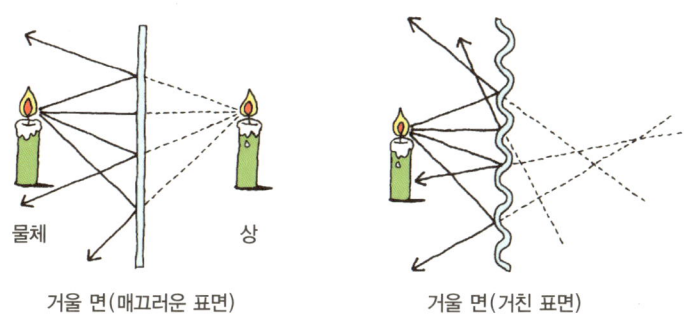

거울 면(매끄러운 표면)　　　　거울 면(거친 표면)

　또 굴절이란 빛이 진행되는 물질에 따라 다르게 꺾이는 것을 말합니다. 꺾이는 각도는 그 물질 속에서 빛의 빠르기에 따라 달라지는데, 공기에서 물 또는 유리처럼 빛의 속력이 감소하는 물질로 들어갈 때에는 입사각에 비하여 굴절각이 작아집니다. 그러나 물 또는 유리에서 공기처럼 빛의 속력이 증가하는 물질로 들어갈 때에는 오히려 굴절각이 커집니다.
　이렇듯 빛은 직진, 반사, 굴절의 다양한 성질을 가지고 있습니다.

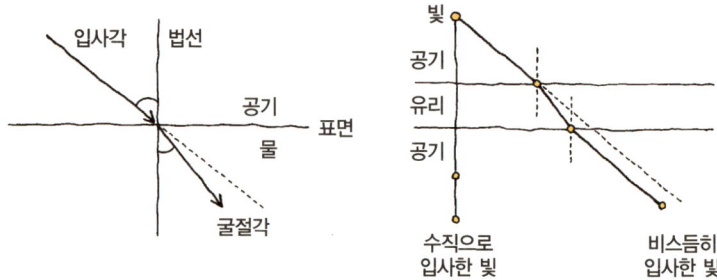

사건을 해결하는 데 도움을 준 과학 지식은 무엇일까요?

빛은 직진하는 성질이 있어서 빛이 물체에 닿은 다음 되돌아 나와 눈으로까지 들어와야만 물체를 감지할 수 있습니다. 따라서 등 뒤에 있는 물체에서 나오는 빛은 눈으로 감지할 수가 없습니다. 눈이 머리의 뒷부분에 있는 경우가 아니라면 말입니다.

정답

우리가 물체를 보기 위해서는 물체에서 나온 빛이 우리 눈에 들어와야만 합니다. 스스로 빛을 내는 물체의 경우 물체에서 직접 빛이 나와 우리 눈에 들어와야 하며, 스스로 빛을 내지 않는 물체들은 스스로 빛을 내는 물체의 빛을 받아 그 빛의 일부를 다시 반사해 우리 눈에 들어와야 그 물체를 볼 수가 있습니다.

하지만 우리 뒤에 있는 물체의 경우 스스로 빛을 내거나 주변에서 받은 빛을 반사한다 하더라도 그 빛은 우리 눈에 들어오지 않습니다. 왜냐하면 빛은 장애물이 없다면 항상 똑바로 가기 때문에 휘어져서 반대 방향에 있는 우리 눈으로 들어오지 않기 때문입니다. 따라서 코트 뒤에 벨트가 있는지 없는지 보통 사람이라면 알 수가 없습니다.

걸어 다니는 백과사전 소년 편

　딜런 씨의 진술에 의하면, 내티 네트는 상점의 가게 주인인 딜런 씨에게 "돌아서서 벽을 보라."고 말했다. 그리고 딜런 씨가 다시 뒤를 돌아보았을 때에는 이미 내티 네트가 돈을 몽땅 갖고 사라졌다고 진술했다.

　딜런 씨의 말대로라면 딜런 씨는 내티 네트의 앞모습만 보았을 뿐 뒷모습을 본 적이 없는 것이다. 그러므로 딜런 씨는 내티 네트가 입은 코트의 뒤에 벨트가 달려 있는지 없는지 알 수 없다. 따라서 가게에 강도가 들었다는 딜런 씨의 말은 거짓말이다.

호랑이 패들과의 한판 승부

그날 밤 9시경 인사이클로피디아는 침대에 누웠어요. 하지만 쉽게 잠이 오지 않았지요. 커서 탐정이 될 수도 있겠다고 한 엄마의 말 때문이었어요.

아침이 되자 인사이클로피디아는 결심을 굳혔어요.

'탐정 일을 해서 사람들을 돕는 거야. 어른이 될 때까지 기다릴 필요 없어. 여름 방학이니 당장 시작할 수도 있어.'

인사이클로피디아는 침대에서 일어나 벽장 안을 뒤졌어요. 그리고 2년 전에 벤 삼촌이 크리스마스 선물로 준 장난감 인쇄기를 끄집어냈어요.

다음 날 아침 식사를 끝내자마자, 인사이클로피디아는 전단지 50장을 인쇄했어요. 잉크가 마르자 이웃집들을 돌며 우편함에 전단지를 집어넣었지요.

　그리고 집으로 돌아와 엄마에게 두툼하고 커다란 종이 한 장을 달라고 했어요. 엄마는 버리지 않고 두었던 옷상자를 내주었어요. 인사이클로피디아는 부엌용 큰 가위로 옷상자를 직사각형 모양으로 잘라 냈어요. 그리고 검정색 크레용으로 조심스럽게 전단지의 글자들을 옮겨 적었어요. 문구는 다음과 같았지요.

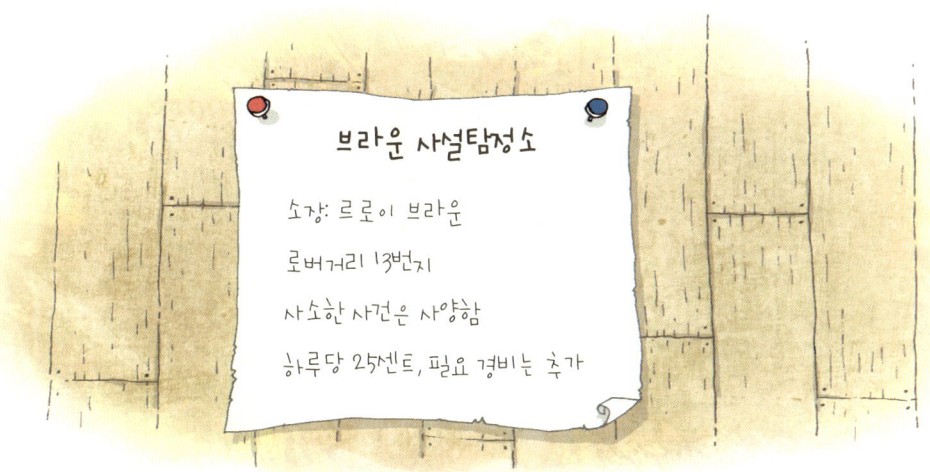

　인사이클로피디아는 그 안내판을 차고 문 앞에 붙였어요.
　다음 날 아침, 인사이클로피디아는 차고에 앉아 문제를 안고 찾아올 손님을 기다렸어요. 그러나 추적추적 비만 내릴 뿐 아무도 찾아오는 사람이 없었지요. 차고 지붕에 난 구멍으로 비가 새어 들었어요. 비는 온종일 내린 것도 모자라 다음 날에도 종일토록 내렸어요.

차고 안에서 비가 오는 것을 물끄러미 바라보던 인사이클로피디아는 기분이 깊은 바닷속 잠수함처럼 무겁게 가라앉는 것을 느꼈어요.

'안내판을 떼어 버리고 찰리가 수집해 놓은 물건들이나 보러 갈까? 새로 추가된 것들이 있을지도 모르는데……. 아니면 빌리, 조디 형제랑 지렁이를 잡아 물방앗간 앞의 개울 다리에서 낚시나 할까?'

인사이클로피디아가 이런저런 생각을 하고 있을 때였어요. 갑자기 문간에 고무장화가 보였어요. 고무장화의 주인은 비옷을 입은 작은 소년이었지요.

"내 이름은 클라렌스야. 좀 도와줘."

소년이 말했어요.

"사소한 사건은 안 받아. 살인 사건이니?"

인사이클로피디아가 물었어요.

"아니."

클라렌스가 머리를 가로저으며 말했어요.

"그러면 납치? 공갈 협박?"

"아니, 아니야. 그런 게 아니고 텐트를 되찾는 문제야."

클라렌스는 25센트 동전을 인사이클로피디아 옆에 있는 휘발유 통 위에 올려놓았어요.

"내 텐트인데, 호랑이들이 자기들 거래."

"호랑이들이 말을 해?"

"아, 아니야. 호랑이들은 운하 근처에 있는 소년 클럽의 이름이야. 그 클럽 아이들은 모두 아주 거칠어. 그중에서도 클럽 대장 벅스 미니가 제일 심해."

"걔네들 대장한테 데려다 줘. 네 텐트가 있는 곳에도."

"둘 다 바로 해 줄게. 벅스 미니가 지금 그 텐트 안에 있거든."

얼마 후 두 사람은 텐트가 있는 곳에 도착했어요. 텐트는 운하와 고물들을 쌓아 놓는 창고 사이에 있는 숲에 세워져 있었어요. 텐트 안에는 남자아이들 여섯 명이 나무 상자를 가운데 두고 빙 둘러앉아 있었지요. 그들은 카드놀이를 하고 있는 중이었어요.

"너희들 중 벅스 미니가 누구니?"
인사이클로피디아가 물었어요.
"나다. 그러는 너는 누군데 나를 찾는 거냐?"

제일 덩치가 크고 가장 구질구질해 보이는 아이가 대답했어요.

"너희들이 내 텐트를 뺏었잖아! 이 텐트는 내가 찾아냈고, 구멍 난 것도 내가 다 고쳐 놓았단 말이야."

클라렌스가 볼멘소리로 말했어요.

"꺼져!"

벅스가 화가 난 듯 소리쳤어요.

"내가 이 텐트를 고물 창고에서 찾아냈다는 거 알잖아. 지난주 이곳에 텐트를 치는 것도 모두 지켜봤잖아!"

클라렌스가 말했어요.

"어서 꺼지지 못해? 오늘 아침 네가 우리 클럽 하우스에서 텐트 훔쳐 가는 걸 내 두 눈으로 보았어."

벅스가 사납게 노려보았어요.

"비 좀 피하게 들어가도 되겠니?"

인사이클로피디아가 물었어요. 그러고는 텐트 안으로 들어가면서 나무 상자 옆에 놓여 있던 또 다른 카드 뭉치를 한쪽 발로 툭 건드렸어요.

그러자 카드들이 땅바닥으로 떨어지며 흩어졌어요.

"야, 무슨 짓이야?"

벅스가 소리를 질렀어요.

"간단한 사건이군. 이 카드를 잘 봐. 땅바닥에 떨어졌는데도 물기가 묻기는커녕 흙탕물 하나 안 튀었지? 클라렌스는 이 텐트를 너희들 클럽 하우스에서 훔치지 않았어."

소년 탐정이 카드 한 장을 집어 들며 말했어요.

그러자 벅스가 주먹을 움켜쥐고는 턱을 서랍처럼 쑥 내밀며 물었어요.

"너 지금 나를 거짓말쟁이라고 한 거냐?"

"천만에! 난 경찰이 오면 할 말을 그저 너에게 먼저 들려준 것뿐이야."

인사이클로피디아는 벅스의 오른쪽 귀에 대고 무엇인가를 조용히 속삭였어요. 잠시 후 소년 탐정의 말을 듣던 벅스의 얼굴이 점점 붉어졌어요. 갑자기 벅스가 소리쳤어요.

"얘들아! 클럽 하우스로 가자. 여기는 하나도 재미없다."

호랑이들이 떠나고 나자 클라렌스가 인사이클로피디아에게 물었어요.

"우아, 벅스에게 도대체 뭐라고 한 거야?"
인사이클로피디아는 슬며시 미소를 지었어요.
"네가 텐트를 호랑이들의 클럽 하우스에서 훔친 것이 아니란 걸 짚어 주었어."

인사이클로피디아는 이것을 어떻게 알았을까요? ◑ 31쪽에 해결이 있어요.

젖은 옷을 빨리 마르게 하려면 어떻게 할까요?

간단한 사건이군. 이 카드를 잘 봐.
땅바닥에 떨어졌는데도 물기가 묻기는커녕 흙탕물 하나
안 튀었지? 클라렌스는······.

액체의 증발

여러분은 주변에서 여러 종류의 액체를 볼 수 있어요. 우리가 흔히 볼 수 있는 액체로는 물, 알코올, 식용유 등이 있습니다.

이러한 액체들은 처음 상태 그대로 존재하는 것이 아니라 고체와 기체로 그 모습을 바꾸기도 한답니다. 그중에서도 우리에게 아주 중요하고 친숙한 물은 더욱 자주 그 모습을 바꾸는 물질입니다.

이렇게 물질이 액체에서 기체로 모습을 바꾸는 것을 증발이라고 합니다.

일반적으로 증발이 일어날 때에는 열을 빼앗는 성질이 있습니다. 더운 여름에 마당에 물을 뿌리고 기다리면 점차 시원해지는 것을 느낄 수 있는 것도 물이 증발하면서 땅의 열을 빼앗기 때문입니다. 또 병원에서 주사를 맞기 전에 소독용 알코올을 묻히면 시원함을 느끼게 되는 것도 같은 이유입니다.

 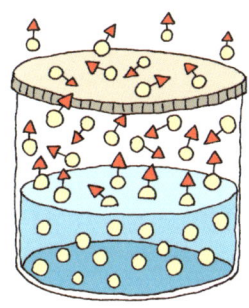

그렇다면 액체의 증발을 빠르게 할 수 있는 조건에는 무엇이 있을까요?

먼저 온도를 높여 주는 방법이 있습니다. 온도를 높여 주면 액체의 움직임이 증가하여 더욱 빨리 기체로 변하게 되므로 증발이 빨라집니다.

두 번째로는 바람이 잘 통하는 곳에 액체를 두는 방법이 있습니다. 바람이 잘 통하는 곳에 두면 공기의 순환이 활발해지기 때문에 증발이 더욱 잘 일어나게 됩니다.

마지막으로 액체의 표면적을 넓게 해 주는 방법이 있습니다. 액체에 닿는 면이 넓어지면 기체로 변하는 속도가 증가하므로 증발 속도도 빨라지게 됩니다.

이렇듯 우리 주변에 있는 액체들은 다양한 조건에 따라 모습이 바뀌는 성질을 가지고 있답니다.

사건을 해결하는 데 도움을 준 과학 지식은 무엇일까요?

액체가 증발하려면 온도, 바람, 표면적 등의 조건이 필요합니다. 세 조건이 모두 충족되었다 하더라도 액체인 물은 증발하는 데 반드시 어느 정도의 시간이 걸립니다. 따라서 자연 상태에서 햇빛이 내리쬐는 날도 아니고 비가 오는 날 땅이 감쪽같이 말라 있다는 것은 있을 수 없는 일입니다.

정답

젖어 있는 옷을 빠르게 건조시키려면 물이 증발할 수 있는 조건을 제대로 맞추어 주어야 합니다. 그것은 온도를 높여 주어 물이 빨리 증발할 수 있게 하거나 바람이 잘 통하는 곳에 두어 공기의 순환을 좋게 하는 방법이 있습니다. 또, 햇빛이 잘 드는 곳에 빨래를 너는 것도 한 방법이 될 수 있습니다.

호랑이 패들과의 한판 승부 편

  벅스 미니는 클라렌스가 '오늘 아침' 호랑이들의 클럽 하우스에서 텐트를 훔쳐 갔다고 말했다. 그 '오늘'은 비가 내린 지 이틀째 되는 날을 가리킨다. 그러므로 텐트 밑바닥은 젖어 있어야 했다.
  그러나 인사이클로피디아가 발로 카드들을 흩뜨렸을 때 텐트 안의 바닥은 말라 있었다. 이것은 벅스가 말한 것처럼 비가 내리고 있던 '오늘 아침'이 아니라 클라렌스의 주장대로 비가 내리기 전에 텐트가 세워졌음을 밝히는 증거가 된다.

장군의 칼은 진짜일까?

 붉은 머리카락을 가진 남자아이가 브라운 사설탐정소가 있는 차고 문 앞에 걸음을 멈추었어요.
 "칼에 대해서도 잘 아니?"
 대뜸 소년이 물었어요.
 인사이클로피디아는 읽고 있던 책에서 눈을 떼지 않은 채 되물었어요.
 "칼? 어떤 게임인데?"
 "게임에 나오는 칼이 아니라 진짜 칼 말이야. 내 이름은 피터야. 네 도움을 받고 싶어."
 피터는 10센트 동전 두 개와 5센트 동전 한 개를 인사이클로피디아 옆의 휘발유 통 위에 올려놓았어요. 동전들이 놓이며 내는 쨍그랑거리는 소리에 인사이클로피디아가 책 읽기를 멈추었어요. 그러고는 별다른 표정 없이 소년을 올려다보며 말했어요.

"내가 도와줄 게 뭔데?"

"내 자전거를 어떤 칼과 바꾸고 싶은데, 그 칼이 진짜인지 확인하고 싶어."

"넌 그 칼이 진짜 칼이 아니라고 생각한단 말이지. 그럼 뭐라고 생각하는데?"

"아니, 내 말은 그런 뜻이 아니야. 이건 남북 전쟁 때의 칼인데……."

피터가 머뭇거리면서 말끝을 흐렸어요.

"남북 전쟁 때의 칼은 수도 없이 많아."

"그건 나도 알아. 하지만 잭슨 장군의 칼이라면 몇 개나 되겠어?"

"스톤월 잭슨? 그 위대한 스톤월 장군 말이야?"

인사이클로피디아는 깜짝 놀란 듯 두 눈을 동그랗게 뜨고 물었어요.

"그 칼이 스톤월 장군의 것이라는 거야. 벅스 미니가 그렇게 말했어."

"벅스?"

그 이름을 듣자 인사이클로피디아가 허리를 펴고 앉았어요.

"그 칼이 잭슨 장군의 진짜 칼이 맞는지를 확인해 달라는 거니?"

"그래. 그럼 사건을 맡아 주는 거니?"

"좋아, 사건을 맡을게. 벅스하고 하는 거래라면 너 혼자선 안 돼."

피터는 소년 탐정을 호랑이들의 클럽 하우스로 안내했어요. 클럽 하우스는 스위니 씨의 자동차 정비소 뒤쪽에 있는, 빈 헛간이었지요. 호랑이들은 누룩뱀들의 경주를 응원하느라 정신이 없었어요.

"벅스, 여기 있는 인사이클로피디아에게도 그 칼을 한 번 보여 줄래?"

피터가 헛간 안쪽을 향해 소리쳤어요.

벅스는 인사이클로피디아라는 이름을 듣자 얼굴을 찌푸렸어요.

"그래, 척척박사께서 이제는 남북 전쟁 박사가 되셨단 말이지? 호오! 그럼 스톤월 잭슨 장군이 불런 전투에서 어떻게 했는지도 말해 줄 수 있겠군그래."

호랑이들 대장이 밉살스럽게 빈정거리며 말했어요.

"어떤 불런 전투 말이야? 불런 전투는 두 차례 있었어. 1차는 1861년에, 2차는 1862년에."

"흥, 잘 아는구나. 그럼 이 칼이 잭슨 장군 게 아니라고 우기지는 않겠네."

벅스가 싱글싱글 웃으며 말했어요.

인사이클로피디아는 칼이 놓여 있는 탁자로 걸어가 칼을 주의 깊게 살펴보았어요.

"이 칼은 1차 불런 전투를 치르고 난 지 한 달 후, 부하들이 스턴월 장군에게 바친 칼이야."

벅스가 말했어요.

"저 말이 사실이라면 이 칼은 내 자전거 열 대랑 맞먹어."

피터가 인사이클로피디아에게 속삭였어요.

"스무 대야."

인사이클로피디아가 고쳐 말했어요.

"칼날에 뭐라고 쓰여 있는지 읽어나 보시지."

벅스가 의기양양하게 말했어요.

인사이클로피디아는 칼날에 쓰인 글을 읽었어요.

스톤월 잭슨 장군께
1861년 7월 21일 1차 불런 전투에서 돌벽처럼 버텨 낸 공을 기리며, 1861년 8월 21일에 부하들이 이 칼을 바칩니다.

"확실히 많이 사용한 칼처럼 보이네."

인사이클로피디아가 말했어요.

"그럼 새것처럼 반짝일 줄 알았어? 백 년도 더 된 칼이야."

벅스가 코웃음을 쳤어요.

"5달러짜리도 안 되어 보이는데?"

인사이클로피디아가 대꾸했어요.

"어떻게 보이는지는 신경 쓰지 마. 정말 잭슨 장군의 칼이 맞아?"

피터가 기대에 찬 눈빛으로 물었어요.

인사이클로피디아가 미처 대답을 하기도 전에 벅스가 수다

스럽게 떠벌렸어요.

"칼을 내주는 건 정말 싫은데, 피터가 하도 갖고 싶어 해서 할 수 없이 자전거랑 바꾸자고 한 거야."

"바꾼다고? 이 칼은 피터의 자전거와 바꿀 수 없어. 왜냐하면 스톤월 잭슨 장군 칼이 아니니까!"

인사이클로피디아가 말했어요.

인사이클로피디아는 그것을 어떻게 알았을까요? ❍ 43쪽에 해결이 있어요.

과 학 솔 루 션

오래된 칼이 녹이 스는 이유는 무엇일까요?

1861년 8월 21일에 부하들이 이 칼을 바칩니다.
"확실히 많이 사용한 칼처럼 보이네."
인사이클로피디아가 말했어요.

금속에서 일어나는 화학 반응

우리 주변에서 금속으로 만들어진 사물로는 어떤 것들이 있을까요? 다리, 비행기, 자동차의 몸체 등은 금속으로 이루어진 가장 대표적인 것들입니다.

이러한 금속들은 물이나 공기 중의 산소와 만나면 녹이 스는 부식이 일어나 그 성질이 변하므로 주의해야 합니다. 그중에서도 우리가 가장 많이 사용하는 금속인 철은 다른 금속에 비하여 부식에 아주 약하므로 여러 가지로 유의해야 합니다.

철에 부식이 일어나면 어떤 일이 일어날까요?

철에 부식이 일어나면 보통 녹이 생기면서 원래 철이 가지고 있던 단단한 성질을 잃어버려 강도가 약해집니다.

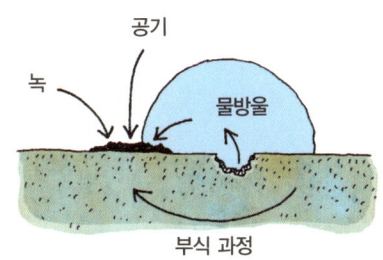

부식 과정

만약 철로 만들어진 다리에 녹이 슬면 무너져 버리는 위험한 일이 일어날 수도 있답니다. 따라서 금속에 일어나는 화학 반응인 부식을 막는 장치들이 꼭 필요합니다.

철의 부식을 막는 대표적인 방법으로는 페인트칠이나 기름칠을 하는 것, 다른 금속을 입히는 것, 다른 금속을 이용하여 보호하는 것, 합금을 만드는 것 등이 있습니다.

또 금속은 산성 물질과 잘 반응하는 성질이 있습니다. 이 화학 반응이 일어나면 금속이 녹아 버리면서 크기가 작아지므로 더욱 문제가 됩니다.

특히 최근에 자주 내리는 산성비로 인하여 금속으로 된 건축물이 위험에 노출되고 있습니다. 산성비가 내리면 금속, 특히 철로 되어 있는 경우는 산성비와 철이 서로 반응을 하여 수소 기체가 발생하면서 크기가 점점 줄어들기 때문입니다. 따라서 철로 된 건축물을 보호하는 장치가 반드시 필요합니다.

재미있는 과학 상식 ::: 신기한 금속, 알루미늄

 대부분의 금속은 부식이 일어나면 문제가 생기지요. 하지만 부식이 잘 일어나면서도 걱정이 없는 금속이 있습니다. 그것은 바로 알루미늄입니다. 알루미늄은 철보다 부식이 더 잘 일어나는 금속입니다. 하지만 알루미늄은 표면에 부식이 생기면 오히려 막을 형성하여 내부가 부식되는 것을 막아 줍니다. 따라서 부식에 대한 걱정을 하지 않아도 되는 신기한 금속이라 할 수 있답니다.

정답   칼은 보통 철이라는 금속으로 이루어진 것입니다. 철은 물과 공기 중의 산소와 만나면 화학 반응을 일으켜 모양과 색깔이 변하는데 이것이 바로 녹입니다. 철은 녹이 슬면 본래의 성질을 잃어버려 점점 강도가 약해지고 부스러지게 됩니다. 따라서 오래된 칼에 녹이 슬면 본래 칼의 기능을 수행하기가 어렵게 됩니다.

사건의 해결 — 장군의 칼은 진짜일까? 편

　인사이클로피디아는 칼날에 쓰인 글자들을 읽자마자 그 칼이 가짜라는 것을 알았다. 실마리는 '1차'라는 단어였다.
　그 칼은 1861년 8월에 스톤월 잭슨에게 주어진 것으로 되어 있다. 그때는 아무도 다음 해인 1862년에 똑같은 장소에서 또 한차례 전투가 있을 것이라고 알지 못했다. 두 번의 전투가 다 치러진 후에야 비로소 1861년에 있었던 전투에 '1차'라는 단어를 붙여 설명할 수 있는 것이다.

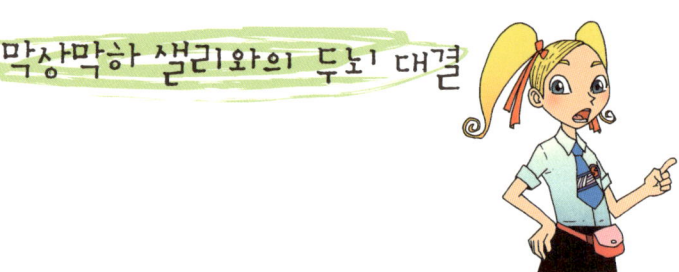

막상막하 샐리와의 두뇌 대결

벅스와 호랑이들은 비 오는 날 오후면 자신들의 클럽 하우스에서 시간을 보내곤 했어요. 대개는 둘러앉아서 인사이클로피디아에게 복수할 방법을 궁리했지요.

그러나 오늘은 도리어 소년 탐정을 응원하려고 한자리에 모였어요. 인사이클로피디아가 샐리와 두뇌 대결을 벌일 예정이기 때문이었지요. 호랑이들은 인사이클로피디아보다도 샐리를 훨씬 더 싫어했어요.

거기에는 그럴 만한 이유가 있었어요. 샐리는 두 달 전에 이 근처로 이사 온 여자아이인데, 처음에 호랑이들은 샐리에게 잘 보이려고 법석을 떨었어요. 샐리가 아주 예쁘게 생겼을 뿐만 아니라 운동도 잘했기 때문이지요.

그런데 어느 날 샐리가 5학년 여학생들을 모아 소프트볼 팀을 만들더니, 호랑이들에게 도전을 해 왔어요. 호랑이들은 지나가는 개도 웃겠다며 코웃음을 쳤지요.

마침내 대결이 시작되고 여학생 팀은 호랑이들을 삼진 아웃으로 잡기 시작했어요. 결국 마지막 회에서는 샐리가 홈런을 날려 1대0으로 여학생 팀이 승리했어요.

하지만 호랑이들이 진짜로 한 방 맞은 것은 다음 날이었어요. 벅스와 그 무리들이 길가에서 작은 남자아이를 괴롭히고 있었는데 마침 자전거를 타고 지나가던 샐리가 그 광경을 보았지요. 샐리는 벅스 옆에 자전거를 세웠어요.

"그 애를 가게 놔줘."

샐리가 자전거에서 내려서며 명령하듯 말했어요.

자존심이 상한 벅스는 여전히 아이를 잡은 채 샐리를 향해 으르렁거렸어요. 그러자 샐리는 아이를 움켜잡고 있던 벅스의 손을 풀어 버렸어요. 그리고 곧이어 다른 호랑이들이 손을 쓸 사이도 없이 호랑이들 대장은 샐리가 날린 주먹에 왼쪽 턱을 얻어맞고 쓰러졌지요.

머리끝까지 화가 난 벅스는 벌떡 일어나더니 샐리의 어깨를 세게 밀쳤어요. 하지만 샐리는 다시 주먹을 날려 벅스의 오른쪽 턱을 때렸고 벅스는 신음 소리를 내며 다시 털썩 주저앉았어요.

이후 벅스는 오뚝이처럼 벌떡 일어났다가 다시 주저앉기를 몇 차례 더 반복해야 했지요. 마지막으로 일어날 무렵에는 벅스의 몸이 무척 무거워 보였어요.

"너 가만두지 않을 줄 알아!"

벅스가 말했어요. 하지만 벅스의 목소리에는 힘이 하나도 없었어요. 롤러코스터를 타다가 기운이 다 빠져 버린 아이처럼 안색도 좋지 않았지요.

"아하, 그래? 하지만 이 한 방에 네 체면이 납작하게 구겨져 버릴 텐데!"

샐리는 말을 마치는 것과 동시에 벅스를 향해 마지막 한 방을 날렸어요.

벅스는 다시 벌러덩 뒤로 넘어져 땅바닥에 대자로 뻗어 버렸어요. 그리고 샐리의 자전거가 완전히 사라질 때까지 일어나지 못했지요.

샐리는 소프트볼 경기와 벅스와의 싸움에서 이긴 것으로 만족하지 않았어요. 그보다 훨씬 큰 것을 노렸는데, 그것은 아이다빌 시에 사는 열두 살 이하의 어떤 남자아이보다도 힘이 셀 뿐 아니라 머리도 영리하다는 것을 증명해 보이는 것이었어요. 그러기 위해서 샐리는 걸어 다니는 도서관이라고 불리는 인사이클로피디아와 두뇌 대결을 펼쳐 이겨야만 했지요.

두뇌 대결은 호랑이들의 클럽 하우스에서 벌어졌어요. 샐리와 인사이클로피디아는 서로 마주 본 채 오렌지 상자에 걸터앉았지요. 호랑이들은 인사이클로피디아의 뒤쪽에 모여 있었고 샐리의 뒤로는 여자 소프트볼 팀 선수들이 모여 있었지요. 헛간은 금세 아이들로 빽빽해졌어요.

심판인 피터가 규칙을 발표했어요.

"샐리가 문제를 내는 시간은 5분이야. 문제를 풀 실마리는 모두 줘야 해. 그런 다음 인사이클로피디아에게 그 문제를 풀 수 있는 5분이 주어질 거야. 둘 다 준비됐니?"

"준비됐어."

샐리가 말했어요.

"준비됐어."
인사이클로피디아가 눈을 감으며 말했어요.
"시작!"
피터가 손목시계를 들여다보며 외쳤어요.
마침내 샐리가 이야기를 시작했어요.
"머르코는 세계 제일의 공중그네 곡예사였어. 머르코가 가는 곳마다 사람들은 15미터 공중에서 그네를 타는 그의 멋진 공연에 감동을 했지. 그런데 머르코는 그의 인기가 가장 높았던 1922년에 갑자기 죽게 되었어. 머르코가 죽은 후 그의 책상에서 유서가 발견되었는데, 유서에서 머르코는 자신의 돈을 은행에 40년간 넣어 두라고 일렀어. 그리고 40년 후에 돈을 찾아 자신의 손자들 중 맏이에게 주라고 부탁했어. 살아 있는 손자들이 없으면 여자든 남자든 자신의 가장 가까운 친척에게 주라고 했지. 40년이 지나고 머르코의 손자를 찾기 위한 탐문 조사가 시작됐지. 얼마 후, 드디어 자신을 곡예사 머르코의 손자인 남자를 캔자스 시에서 찾아냈어. 프레드 깁슨이라는 그 남자는 당연히 유산을 청구하려고 법원으로 갔지. 판사가 남자의 이야기를 듣고 있는데 법정 뒤쪽에서 키 큰 여자 하나가 벌떡 일어섰어. 여자는 몹시 흥분하며 자신이 공중그네 곡예사의 조카 손녀라고 했어. 그리고 계속해서 외쳐 댔지. '위대한 곡예사 머르코는 프레드 깁슨의 할아버지가 아니다. 그러니 머르코의 유산은 내가 갖는 것이 옳다.' 라고 말이야. 그 여자에게 몇 가지 질문을 던진 판사는 그 여자의 말이 맞다는 것을 인정할 수밖에 없었어. 그 여자는 곡예사 머르코의 조카 손녀가 분명했고, 머르코는 프레드 깁슨의 할아버지가 아니었거든. 자, 누가 곡예사 머르코의 돈을 갖게 되었을까? 키 큰 여자였을까, 아니면 프레드 깁슨이었을까?"

이야기를 마친 샐리는 인사이클로피디아를 바라보며 승리의 미소를 지었어요. 헛간 안은 조용하기만 했지요. 남자아이들은 신발만 내려다보고 있었어요.

'샐리에게 또 한 번 당했나?'

'천하의 인사이클로피디아가 임자를 만났단 말인가?'

아이들은 이런 생각을 하는 눈치였어요.

인사이클로피디아에게 주어진 시간은 겨우 5분이었어요. 서서히 시간이 흘러갔어요. 1분, 2분, 3분, 4분…….

마침내 인사이클로피디아가 앉아 있던 오렌지 상자에서 몸을 움직였어요. 그리고 눈을 뜨더니 샐리를 보고 미소를 지었어요.

"이야기가 아주 교묘했어. 하마터면 엉뚱한 사람을 댈 뻔했지 뭐야. 하지만 답은 아주 간단해."

자리에서 일어서며 인사이클로피디아가 말했어요.

"위대한 곡예사 머르코의 돈은 프레드 깁슨이 가져갔어."

인사이클로피디아는 왜 그렇게 말했을까요? ☉ 55쪽에 해결이 있어요.

과 학 솔 루 션

공중그네에서 중심을 잡는 원리는 무엇일까요?

머르코는 세계 제일의 공중그네 곡예사였어.
머르코가 가는 곳마다 사람들은 15미터 공중에서 그네를 타는
그의 멋진 공연에 감동을 했지. 그런데 머르코는······.

물체의 무게 중심 찾기

여러분은 모든 물체에 무게 중심이 있다는 것을 알고 있나요? 물체의 무게 중심을 알고 있으면 물체를 쉽게 떠받칠 수 있답니다.

물체의 굵기와 재료가 동일하고 모양이 대칭이라면 대부분 가운데 부분을 떠받치면 수평이 됩니다. 그리고 수평을 이루는 가운데 부분이 바로 무게 중심이 됩니다. 예를 들어 연필, 자, 막대 등 바로 모양이 대칭으로 수평을 이루는, 가운데 부분이 무게 중심인 것들이지요.

모양이 일정하지 않은 물체의 경우에는 가운데 부

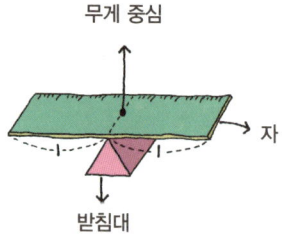

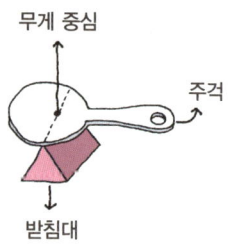

분을 받쳐서 기울어지는 쪽을 찾아 무거운 쪽으로 받침대를 옮기면 수평을 만들 수 있습니다. 그러한 것으로는 젓가락, 숟가락, 가위 등이 있습니다. 이러한 물체들은 수평을 잡을 수 있는 지점이 바로 무게 중심이 됩니다.

그렇다면 무게 중심을 찾는 법을 좀 더 자세히 살펴봅시다. 일반적으로 모양이 대칭인 물체는 두 개의 대칭선이 만나는 곳에 무게 중심이 있습니다. 비대칭인 물체는 먼저 한 점에 줄을 매달아 연직선을 그은 후, 다른 점에 줄을 매달고 연직선을 긋습니다. 이때 연직선이란 추를 매단 실이 늘어지는 방향으로 중력이 작용하는 방향을 나타냅니다. 이 두 연직선의 교차점이 바로 무게 중심이 됩니다.

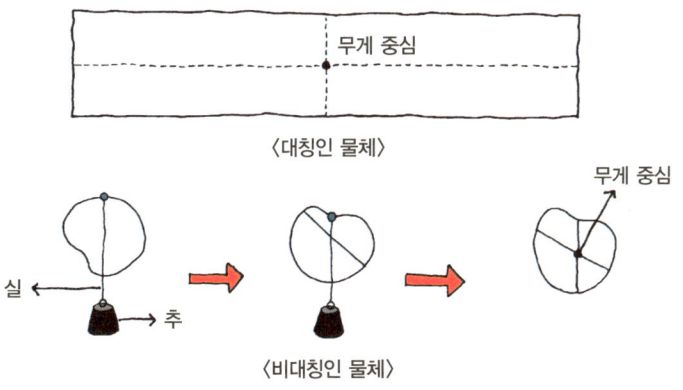

모양이 대칭이어서 수평을 이루는 물건들은 더욱 간단한 방법으로도 무게 중심을 찾을 수 있습니다. 나무 막대의 경우 양쪽 손가락을 받치고 두 손가락을 천천히 가운데 쪽에 모이게 합니다. 그리고

두 손가락이 만나는 곳에 연필로 표시하고 받침대에 받쳐 수평이 되었는지 확인합니다. 그러면 수평을 잡는 것이 더욱 쉽습니다. 이렇게 물체의 무게 중심을 잡는 방법에는 여러 가지가 있습니다.

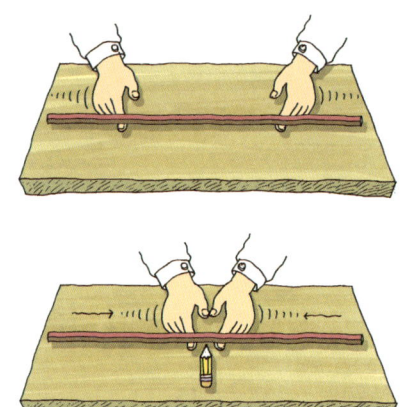

재미있는 과학 상식 ::: 혈액형을 이용한 가족 관계 찾기

우리가 사용하는 ABO식 혈액형은 부모의 혈액형으로 태어나는 자식의 혈액형을 예상할 수 있습니다. 자식의 혈액형으로 AB형, A형, B형, O형이 모두 다 나올 수 있는 경우는 부모가 A형과 B형인 경우입니다. 반대로 자식의 혈액형으로 O형 한 가지만 나올 수 있는 경우는 부모가 모두 O형일 때랍니다.

정답

물체가 중심을 잡고 안정하게 있으려면 무게 중심을 찾아 그 위치를 낮게 유지해야 합니다. 공중그네의 경우 그네 받침면이 바로 무게 중심을 잡는 역할을 합니다. 이 받침면에 사람의 체중을 고르게 실어 무게 중심을 잘 유지해야 합니다. 따라서 공중그네에서 중심을 잡으려면 흔들림을 줄이고 물체의 무게 중심을 낮게 유지하며 받침면에 고르게 체중을 싣는 훈련이 중요합니다.

막상막하 샐리와의 두뇌 대결 편

 키 큰 여자와 프레드 깁슨, 두 사람 다 사실을 말했다. 위대한 곡예사 머르코는 프레드 깁슨의 할아버지가 아니었지만 프레드 깁슨은 머르코의 손자였다. 인사이클로피디아가 눈치챈 대로 위대한 곡예사 머르코는 여자였다. 프레드 깁슨의 할머니였던 것이다!

사라진 다이아몬드 목걸이를 찾아라!

"아니, 식사에 거의 손도 안 댔잖아요! 여보, 어디 몸이 안 좋아요?"

브라운 부인이 걱정스러운 눈빛으로 남편을 쳐다보았어요.

"배가 고프지 않구려."

브라운 경찰서장은 식탁 의자를 뒤로 밀었어요.

"반 트위들 사건 때문이란 거 알아요. 당신 잘못이 아니니 그만 자책해요."

브라운 부인이 말했어요.

"아빠, 무슨 일이에요?"

인사이클로피디아가 물었어요.

"나도 어찌 된 일인지 모르겠구나. 지난밤 난 반 트위들 부인 댁에서 열린 지역 사회 기금 모집 파티에 있었단다. 그 집에 있는 다이아몬드 목걸이를 지키고 있었지."
경찰서장은 한숨을 내쉰 뒤 말을 이었어요.
"그런데 바로 내 눈앞에서 그 목걸이를 도둑맞았지 뭐냐."
"반 트위들 부인은 그 목걸이를 도둑맞을까 봐 걱정스러웠군요? 그래서 아빠한테 지켜 달라고 했던 거죠?"
브라운 경찰서장이 고개를 끄덕였어요.
"지난주에 부인 앞으로 보낸 사람이 적혀 있지 않은 편지 한 통이 왔단다. 편지에는 현금 1만 달러를 공원에 있는 조지 워싱턴 동상 뒤에 가져다 놓으라고 써 있었지. 시킨 대로 하지 않으면 부인의 다이아몬드 목걸이를 훔쳐 가겠다는 글도 함께 말이다."
"우아! 그 다이아몬드 목걸이 값이 1만 달러나 나가요?"
"더 나가지. 계속 들어 보겠니?"
브라운 경찰서장이 말했어요.
인사이클로피디아는 생각을 집중하기 위해 두 눈을 감았지요.
"아빠, 계속 말씀해 주세요."

"반 트위들 부인은 파티 중간에 그 다이아몬드 목걸이를 기증하려고 계획했단다. 시계가 자정을 알리면 가장 높은 금액을 부른 사람에게 팔아 그 돈을 지역 사회 기금으로 내놓으려고 했지. 목걸이를 파티에 온 사람들에게 보여 주기 위해 부인의 대학 후배인 스타크 양이 목에 걸고 있었단다. 난 스타크 양에게서 한시도 눈을 떼지 않았어. 11시 무렵이 되자 스타크 양이 몸이 좀 안 좋다고 하면서 위층에 있는 손님용 방으로 올라갔단다. 잠시 쉬고 싶다면서 말이지. 그 방에는 내가 먼저 들어가서 둘러보았고, 아무도 없다는 걸 확인했단다. 그런 다음 스타크 양에게 방문을 잠그게 하고 나는 복도에서 계속 보초를 섰지."

브라운 경찰서장은 물을 한 컵 마시고 계속 말을 이었어요.
"10분쯤 지났을 때 갑자기 방 안에서 스타크 양의 비명 소리가 들렸단다. 곧이어 총성이 두 번 울렸지. 밖에서 스타크 양을 불렀지만 대답이 없었어. 결국 잠긴 문을 부수고 방 안으로 들어갔더니 스타크 양은 기절한 채 침대에 누워 있었고, 목에 걸었던 다이아몬드 목걸이는 사라지고 없지 뭐냐. 정신이 든 스타크 양은 아무 소리도 못 들었다는 거야. 게다가 도둑의 얼굴을 보기도 전에 기절했다더구나. 도둑은 창문으로 들어왔다 창문으로 나간 것이 분명해. 그리고 침대 머리맡 쪽 벽에 총알 두 개가 박혀 있었단다. 스타크 양이 무사한 게 천만다행이야!"

브라운 경찰서장이 이야기를 마치자 식탁에 침묵이 내려앉았어요.

잠시 후 인사이클로피디아가 질문했어요.

"아빠가 문을 부수고 들어간 후로 스타크 양이 방에 혼자 있었던 적이 있었나요?"

브라운 경찰서장이 잠시 생각을 하더니 대답했어요.

"어디 보자, 내가 계속 스타크 양이랑 같이 있었고 반 트위들 부인이 소동을 듣자마자 올라왔어. 그리고 의사가 와서 스타크 양을 병원으로 데려갔단다. 그 의사도 스타크 양의 곁을 떠나지 않았지."

"병원이라고요? 저런 가엾어라. 틀림없이 몹시 놀라서 넋이 나갔을 거야! 기절하는 것도 무리가 아니지!"

브라운 부인이 안타까운 듯 말했어요.

"스타크 양은 정말 심한 충격을 받았어. 의사가 안정을 취하라고 해서 내일까지 병원에 입원해 있어야 한단다."

이어서 브라운 경찰서장이 설명했어요.

"잘 됐네요."

인사이클로피디아가 감았던 두 눈을 뜨며 말했어요.

"하지만 지체할 시간이 없어요. 스타크 양이 돌아오기 전에 그 방을 수색해야 하니까요."
"수색하다니, 뭘 찾게?"
브라운 경찰서장은 의아한 표정을 지었어요.
"목걸이요. 그리고 총도요."
인사이클로피디아의 말에 브라운 부인이 놀라서 물었어요.
"르로이! 목걸이와 총을 남겨 두고 떠나는 바보 같은 도둑이 어디 있겠니?"
"스타크 양은 그랬어요. 달리 방법이 없었으니까요."
인사이클로피디아가 침착하게 대답했어요.
이번에는 브라운 경찰서장이 놀라서 물었어요.
"스타크 양이라니? 왜 스타크 양이 도둑이라는 거냐?"
"아주 간단해요. 첫째, 스타크 양은 보내는 사람이 안 적힌 편지를 보내 선배에게서 1만 달러를 빼내려 했어요."
"하지만 그 편지가 효과를 못 봤지. 반 트위들 부인이 목걸이를 지켜 달라고 나를 불렀으니까. 스타크 양 입장에서는 결국 그 편지가 일을 더 어렵게 만든 셈이군."
브라운 경찰서장이 말했어요.

"스타크 양은 거기서 포기하지 않았어요. 반 트위들 부인에게 부탁해서 파티에서 자기가 목걸이를 하고 있도록 허락을 얻었어요."

인사이클로피디아가 말했어요.

"이야기가 그럴듯하지만 아주 설득력 있게 들리지는 않는구나. 생각해 보렴. 스타크 양이 얼마나 빠르게 움직여야 했을지 말이다. 네 말대로라면 벽에다 총 두 방을 쏘는 동시에 총과 목걸이를 숨겨야 했을 거다. 방 안에서 총소리가 울리는 순간 내가 문을 부수고 들어올 것을 분명히 알고 있었을 테니까."

"아빠, 스타크 양은 총을 쏘기 전에 목걸이를 숨겼어요."

"음, 네 말이 맞다면 총과 목걸이가 아직 그 방에 있겠구나. 경관에게 전화해서 지금 즉시 수색하라고 해야겠다."

1시간 후, 브라운 가족은 저녁 식사를 모두 마쳤어요. 인사이클로피디아가 엄마를 도와 부엌에서 접시에 마른행주질을 하고 있을 때, 머피 경관에게서 전화가 왔어요. 반 트위들 부인 집의 손님용 방을 수색했더니 옷장 선반에 있는 모자 상자에서 목걸이와 총을 찾았다고 말이에요.

"스타크 양은 병원에서 부자가 될 꿈에 부풀어 있겠지요."

인사이클로피디아가 쓴웃음을 지었어요.

"그래, 내일 그 방에 돌아가 총과 목걸이가 든 모자 상자를 챙기기만 하면 된다고 생각하겠지."

브라운 경찰서장이 말했어요.

"성공할 뻔했어요. 하지만 범죄자들마다 한 가지 실수는 하니까요!"

스타크 양의 실수가 무엇이었을까요? ❍ 67쪽에 해결이 있어요.

과학 솔루션

사람은 어느 정도의 소리를 들을 수 있나요?

10분쯤 지났을 때 갑자기 방 안에서 스타크 양의 비명 소리가 들렸단다. 곧이어 총성이 두 번 울렸지. 밖에서 스타크 양을 불렀지만 대답이 없었어.

소리의 세계

우리는 매순간 주변에서 여러 가지 다양한 소리를 듣고 있습니다. 이러한 소리는 장소, 소리를 내는 사물의 종류, 소리를 내는 방법에 따라 다릅니다.

예를 들어 학교, 시장, 공원 등 장소에 따라 들리는 소리가 다릅니다. 또한 동물과 같은 생명체의 소리와 자동차와 같은 무생물의 소리가 다르듯 소리를 내는 사물의 종류에 따라서도 다릅니다. 아울러 두드리거나 부딪치거나 깨지는 등 소리를 내는 방법에

따라 소리가 달라지기도 합니다.

그렇다면 소리는 어떻게 구분할까요? 소리는 보통 음색, 크기, 높낮이로 구분할 수가 있습니다. 음색은 맑고 고운 소리 등과 같이 표현되는 것으로 대개 높이, 크기, 길이가 같은 두 음을 구분하게 하는 음 고유의 독특한 성질을 말합니다. 이러한 음색의 차이는 발음체의 차이 또는 진동시키는 방법에 따라 달라집니다.

때문에 같은 음이라 하더라도 다른 악기의 소리는 서로 다르게 들리는 것입니다. 즉 같은 '도'라도 피아노와 바이올린이 서로 진동시키는 방법이 다르기 때문에 다른 음색을 가진 것처럼 느끼게 되는 것입니다.

소리의 세기는 어떻게 나타낼까요? 보통 소리의 세기는 데시벨(dB)이라는 단위를 사용합니다. 우리가 보통 속삭이는 소리는 약 20데시벨이며 이야기하는 소리는 60데시벨입니다. 일반적인 자동차의 소리는 80데시벨이고 귀가 아플 정도의 큰 소리는 140데시벨 이상이라고 합니다.

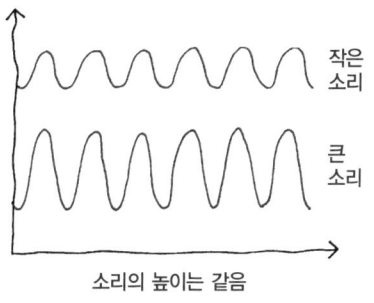

소리의 높낮이는 헤르츠(Hz)라는 단위를 사용합니다. 높은 소리, 낮은 소리로 표현되는 소리의 높낮이는 소리의 진동수과 관련이 있습니다. 다시 말해 진동수가 커지면 커질수록 큰 소리로 느껴집니다.

일반적으로 사람이 들을 수 있는 가장 높은 소리는 20,000헤르츠이며, 개가 들을 수 있는 가장 높은 소리는 80,000헤르츠입니다. 따라서 개가 사람보다 더 소리를 잘 들을 수 있는 것입니다.

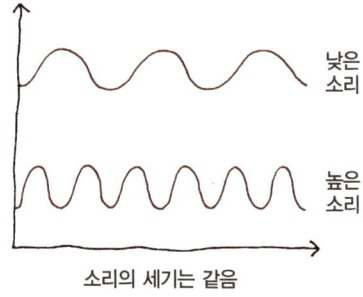

> **정답**
>
> 소리를 내는 물체들은 모두 공기를 떨리게 만드는데 그 떨림이 고막에 전달됨으로써 우리가 그 소리를 들을 수 있는 것입니다.
> 하지만 사람이 모든 소리를 들을 수 있는 것은 아닙니다. 사람은 보통 너무 낮은 소리나 너무 높은 소리는 들을 수가 없습니다. 사람이 들을 수 없는 낮은 소리를 초저주파(떨림이 적은 소리)라고 하며, 들을 수 없는 높은 소리를 초음파(떨림이 많은 소리)라고 부릅니다. 또한 사람은 나이가 들어감에 따라 점점 높은 소리를 듣지 못하게 되는데, 그것은 청력이 약해지기 때문입니다.

사건의 해결: 사라진 다이아몬드 목걸이 편

　스타크 양은 브라운 경찰서장에게 도둑을 보거나 소리를 듣지 못했다고 말했다. 하지만 브라운 경찰서장은 스타크 양의 비명 소리를 들었고 "잠시 후 두 발의 총성이 울렸다."고 했다.
　스타크 양의 실수는 총성이 울리기 전에 비명을 지른 것이었다. 만약 어느 누구를 보거나 어떤 소리를 들은 것이 아니라면 놀랄 이유가 없지 않은가? 즉 스타크 양은 총소리가 울리고 나서 비명을 질러야 했던 것이다.

장님 목격자의 거짓 증언

"3달러 50센트!"

브라운 사설탐정소의 금고에 들어 있던 돈을 다 센 인사이클로피디아가 외쳤어요.

"사업이 잘되고 있어."

"그 돈을 은행에 넣어야 해. 돈을 신발 상자에 넣어 두는 것은 안전하지 않아."

샐리가 말했어요. 두뇌 대결 사건 이후에 샐리는 인사이클로피디아의 경호원 겸 동업자가 되었어요.

"네 말이 맞아. 신발 상자에 든 신발도 없어지는 마당에……. 탐정소가 강도를 당했다면 체면이 말이 아니지!"

두 동업자는 의논 끝에 돈을 중심가의 한 은행에 가져가 예금 계좌를 만들기로 했어요.

은행은 자전거를 타고 가기에는 너무 먼 거리였어요. 두 사람은 버스를 타고 비치 거리의 코닝 내셔날 은행 근처에서 내렸어요.

"탕! 탕!"

인사이클로피디아와 샐리가 버스에서 내리는데 어디선가 총소리가 들려왔어요.

잠시 후 인사이클로피디아의 눈에 은행 입구에 서 있는 한 남자가 들어왔어요. 그 남자는 모자를 깊게 눌러 쓰고 있었어요. 얼굴의 아랫부분은 손수건으로 가려져 있었지요. 남자의 한 손에는 노란색 종이 봉지가 들려 있었고 다른 한 손에는 총이 들려 있었어요.

누군가 다급한 목소리로 소리쳤어요.

"강도다! 강도다!"

그러자 주변에 있던 사람들이 강도와 마주치지 않으려고 한꺼번에 뛰기 시작했어요. 총을 든 남자도 몸을 돌려 달아나기 시작했지요. 그 남자는 서두르느라 앞을 잘 살피지 못

하고 허둥거렸어요. 그러다 검은 선글라스를 쓰고 흰 지팡이를 짚은 채 양철 컵을 들고 걸어오던 걸인과 부딪혔어요. 걸인의 지팡이와 컵이 날아가 길바닥으로 떨어졌고 강도와 걸인은 보도 위에 함께 나뒹굴었어요. 걸인과 엉켜 있던 강도는 이내 몸을 일으켜 다시 도망치기 시작했어요.

그때 경찰차가 은행 앞에 나타났어요. 브라운 경찰서장과 경관 한 명이 경찰차에서 뛰어나와 그 강도를 뒤쫓기 시작했어요.

"아까 낮에 은행 앞에서 도망치던 그 사람을 잡았다."
그날 저녁 브라운 경찰서장이 식사를 하면서 말했어요.
"애를 좀 먹었지만 결국 붙잡았단다. 그런데 문제는 그 사람에게 강도죄를 물을 수가 없다는 거야."
"왜 강도죄로 물을 수 없어요?"
브라운 부인이 의아하다는 듯 물었어요.
"그래요, 아빠. 왜 안 돼요? 그 사람이 들고 있던 노란색 종이 봉지에 훔친 돈이 들어 있지 않았어요?"
브라운 경찰서장은 한숨을 푹 내쉬며 조용히 포크를 내려놓았어요.

"그 노란색 종이 봉지 안에 들어 있던 게 뭐였는지 아니? 돈? 아니, 빵이었어! 그 사람을 경찰 업무를 방해한 죄로 유치장에 얼마나 잡아 둘 수 있을런지 모르겠구나!"

"강도를 잡은 게 맞아요, 아빠?"

"그걸 증명하는 데에 애를 먹게 생겼구나. 그 사람이 강도인지 확인해 줄 수 있는 사람이 아무도 없어. 강도의 얼굴을 본 사람도 없고. 강도가 코와 입을 손수건으로 가린 데다 모자를 눈까지 눌러썼거든. 은행원은 강도가 갈색 정장을 입었다고 했는데, 그 사람이 같은 색 정장을 입고 있는 것은 맞아. 노란색 종이 봉지도 가지고 있고 말이야. 그런데 돈은 도대체 어디로 간 거지?"

"그 사람에게 다른 특징은 없어요?"

"들창코에다 한쪽 뺨에 흉터가 있지. 하지만 강도의 얼굴을 본 사람이 아무도 없잖니. 경찰 업무를 방해한 죄로 밤새 유치장에 가둬 둘 수는 있지만 그게 다란다."

"전 아이다빌 시에서 오늘 처음 걸인을 보았어요."

인사이클로피디아가 생각에 잠겨 말했어요.

"아, 강도와 부딪힌 그 장님 말이니? 사람 좋은 노인 같더구나. 자신을 '장님 톰'이라고 하더라. 우리 아이다빌 시에서는 구걸이 범법 행위라고 말하는 게 정말 싫더구나."
"가엾어라. 구세군에서 도와주지 않을까요?"
브라운 부인이 말했어요.
"그렇긴 한데 그 노인은 혼자 힘으로 지내는 게 좋다며 내일 여기를 떠나겠다고 했어요."
"어디서 머물고 있어요?"
인사이클로피디아가 물었어요.
"오래된 마틴 여관에 묵고 있단다. 철길 옆에 죽 늘어서 있는 건물들 가운데 있는 거 말이다. 그건 왜 묻니? 이 사건에 대해 짚이는 거라도 있니, 르로이?"
"아니요."
인사이클로피디아가 중얼거리며 대답했어요.
후식을 먹기 전에 아들이 사건을 풀어낼 것이라고 기대했던 브라운 부인은 조금 실망한 듯 보였어요.
저녁 식사를 마친 후 인사이클로피디아는 샐리의 집으로 갔어요.

"오늘 저녁에 해야 할 일이 생겼어. 네 도움이 필요할 것 같은데, 같이 갈래?"

"당연하지, 같이 갈래!"

샐리가 신이 나서 말했어요.

두 어린 탐정은 자전거를 타고 기차역 쪽으로 갔어요. 어느새 하늘이 점점 어두워지고 있었어요.

"이곳에 누가 살아?"

낡은 여관 앞에 멈추어 선 인사이클로피디아에게 샐리가 물었어요.

"장님 톰. 아까 낮에 본 걸인 말이야. 내일 여기를 떠난대. 그래서 오늘 저녁에 꼭 만나야 해."

"그 사람이 우리를 도와줄 수 있을까?"

"도와줄 수 있을 거야. 장님은 눈으로 보는 대신 손으로 만져서 알잖아. 그 사람이 강도와 함께 보도 위로 나뒹굴었던 거 기억나? 손수건 아래로 강도의 얼굴을 만져 보았다면 강도를 다시 알아볼 수 있을 거야."

"알겠다. 장님 톰이 네 아빠가 잡은 남자의 얼굴을 다시 만져 본다면 정말로 강도인지 아닌지 알 거라는 뜻이지?"

"그래."

"흠, 장님 톰이 아직 머물고 있어야 할 텐데!"

여관 안으로 들어서자 여관 주인의 도움으로 장님 톰이 214호에 혼자 묵고 있다는 것을 알게 되었어요. 두 사람은 2층으로 난 어둡고 삐걱거리는 계단을 올라가 214호의 문을 두드렸어요. 하지만 아무런 대답이 없었지요.

"저길 봐, 문이 조금 열려 있어. 내가 한번……."

샐리가 속삭였어요.

인사이클로피디아는 가만히 고개를 끄덕였지요.

샐리는 방 안이 들여다보이도록 방문을 활짝 밀어제쳤어요. 방은 작고 누추했어요. 철제 침대가 안쪽 벽에 놓여 있었고, 책상에는 작은 스탠드가 켜져 있었어요. 또 아이다빌 시의 매일 신문이 베개 위에 펼쳐져 있었어요.

그때 갑자기 복도에서 지팡이로 바닥을 더듬거리는 소리가 들렸어요.

"토독, 톡, 톡!"

곧이어 장님 톰이 나타났어요.

"여기 누가 있는 거요? 방문객을 맞이해 본 지 하도 오래되어서 이 저녁에 누가 찾아오리라고 생각지도 못했어요. 하지만 반가워요."

톰이 인사를 건네듯 지팡이를 들어 올렸어요.

"안으로 좀 들어오시겠소?"

"아니요, 됐어요!"

인사이클로피디아가 서둘러 대답하며 샐리를 복도 쪽으로 밀었어요. 그리고 계단을 내려가라는 눈짓을 건넸지요.

샐리는 여관 밖으로 나와서야 의아한 듯 물었어요.

"갑자기 왜 이렇게 서둘러? 오늘 오후에 은행을 턴 강도를 알아볼 수 있냐고 장님 톰에게 물어볼 작정이었잖아."
"물어볼 필요 없어. 장님 톰은 그 강도를 알고 있거든. 왜냐하면 장님 톰이 공범이니까!"
인사이클로피디아가 대답했어요.

인사이클로피디아는 이것을 어떻게 알았을까요? ◐ 81쪽에 해결이 있어요.

과 학 솔 루 션

우리가 물체를 눈으로 보게 되는 원리는 무엇일까요?

"여기 누가 있는 거요? 방문객을 맞이해 본 지 하도 오래되어서 이 저녁에 누가 찾아오리라고 생각지도 못했어요. 하지만 반가워요." 톰이 지팡이를 들어 올렸어요.

사람의 감각 기관

사람의 몸에는 여러 가지 감각들이 있습니다. 우리가 눈으로 보는 것, 코로 냄새를 맡는 것, 귀로 소리를 듣는 것, 물체를 만져 보는 것 등은 모두 감각 기관을 통하여 알게 되는 것입니다.

이러한 감각 기관에서 아주 중요한 기능을 담당하고 있는 것은 바로 중추 신경인 뇌와 척수입니다.

우리는 뇌와 척수를 통하여 모든 감각에 대하여 반응하고 있습니다.
따라서 뇌와 척수가 그 기능을 제대로 수행하지 못한다면 큰 문제가 발생할 수도 있습니다.

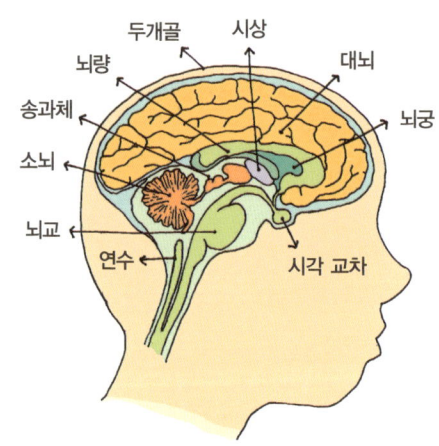

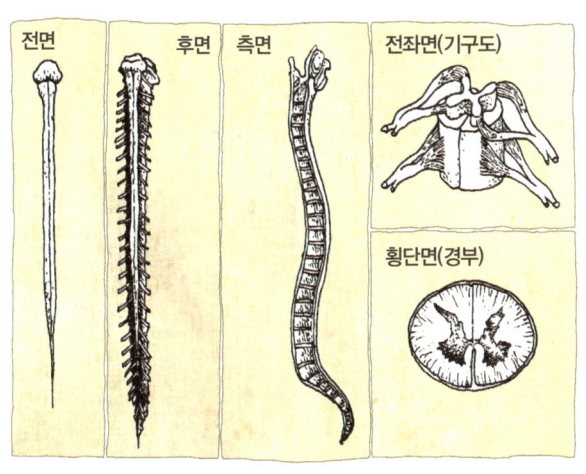

 그렇다면 우리 몸의 감각 기관은 어떻게 그 기능을 수행할까요?
 먼저 외부에서 자극을 받으면 몸의 감각 기관이 이를 받아들이고, 받아들인 자극은 말초 신경을 지나 척수를 거쳐 뇌로 전달됩니다. 그러면 뇌에서는 어떤 행동을 할 것인가 판단하여 명령을 내립니다. 이렇게 뇌에서 전달된 명령은 다시 척수를 통하여 말초 신경으로 전달되어 운동 기관에서 다음 행동으로 나타내게 되는 것입니다.
 예를 들어 공을 발로 찼을 경우 공을 눈으로 보고 받아들인 정보는 말초 신경과 척수를 거쳐 뇌까지 전달됩니다. 그다음 다시 뇌에서 내려진 명령이 척수와 말초 신경을

거쳐 운동 기관인 다리에 전달되어 공을 차게 되는 것입니다. 그 경우 공을 눈으로 보고 받아들여 말초 신경과 척수를 거쳐 뇌까지 전달됩니다. 이렇게 복잡한 과정이 아주 빠른 순간에 일어나, 공을 보는 동시에 발로 공을 차게 되는 것입니다.

하지만 이러한 감각 기관이 자극을 받아들이고 반응하는 시간은 사람에 따라 많이 다릅니다. 그 이유는 척수와 뇌를 거치는 시간과 이를 다시 명령을 내리는 시간이 걸리기 때문입니다. 따라서 운동 선수와 같이 꾸준한 운동을 한 사람과 보통 사람과의 반응 시간은 차이가 날 수밖에 없습니다. 이렇듯 사람의 감각 기관은 누구나 비슷한 역할을 하지만 자극에 반응하는 시간은 서로 다르답니다.

사건을 해결하는 데 도움을 준 과학 지식은 무엇일까요?

우리는 외부 자극을 감각 기관으로 인식하여 척수와 뇌를 거쳐 다음 행동을 한다고 배웠습니다. 때문에 눈이라는 감각 기관이 필요한 신문을 읽는 행동은 장님이 할 수 없는 반응이라고 할 수 있답니다.

정답

사람이 물체를 눈으로 인식하고 이를 보게 되는 것에는 여러 가지 과정이 일어납니다. 여기에서 가장 중요한 것은 뇌와 신경을 거치게 된다는 것입니다. 다시 말해 눈으로 물체를 보고 신경을 통하여 뇌에 전달되면, 뇌에서는 이것을 판단하여 명령을 내리는 것입니다.

장님 목격자의 거짓 증언 편

　장님 톰의 방에는 스탠드가 켜져 있었고, 베개에는 신문이 펼쳐져 있었다. 볼 수 없는 장님은 등불이 필요 없고 신문도 읽을 수 없다. 즉 장님 톰은 가짜 장님이었던 것이다!

　그제야 인사이클로피디아는 왜 걸인이 은행 강도와 부딪혔는지 알았다. 두 사람은 일부러 뒤엉켜 나뒹굴었던 것이다. 그때 둘은 돈이 든 봉지와 빵이 든 봉지를 바꿔치기 했고, 그 남자가 경찰에 잡히더라도 경찰을 속일 수가 있었던 것이다.

　인사이클로피디아는 길모퉁이의 가게에서 아빠에게 전화를 했다. 브라운 경찰서장이 서둘러 여관에 도착했다. 경찰서장은 톰의 침대 밑에서 돈이 들어 있는 노란색 종이 봉지를 찾아냈다.

들통 난 알리바이

"따르릉 따르릉!"

어느 날 저녁, 브라운 가족이 맛있는 고기 요리로 저녁 식사를 하는데 요란하게 전화벨이 울렸어요.

"중요한 전화인가 봐요. 그렇지 않고서야 저녁 식사 시간에 전화할 사람이 있을까요?"

브라운 부인이 걱정스레 말하며 전화를 받았어요. 잠시 후 부인이 브라운 경찰서장을 불렀어요.

"여보, 전화 받아요. 찰슨 경관이에요."

전화를 받아 든 브라운 경찰서장이 경관과 몇 분 동안 이야기를 나누었어요. 얼마 후 언짢은 얼굴로 식탁으로 돌아온 경찰서장은 어느새 경찰복으로 갈아입고 허리에는 총을 차고 있었지요.

"바인 거리에 있는 프린세스 제과점에 강도가 들었는데, 아직 한 시간도 안 되었다는구려. 얼른 가 봐야겠소."

"실마리라도 있나요, 아빠?"

인사이클로피디아가 물었어요.

"목격자가 있단다. 제과점 앞을 지나던 한 남자가 존 애봇이 문을 열고 달려 나오는 걸 보았다는구나."

"존 애봇은 감옥에 있지 않나요?"

브라운 부인이 물었어요.

"벌써 5년 전에 나왔어요. 감옥을 나온 뒤로 쭉 착실하게 살고 있었는데……. 목격자가 강도를 얼핏 보았다고 하니, 뭔가 오해가 있는지 확인해 봐야 할 것 같구려."

브라운 경찰서장은 고개를 갸웃거리며 말을 이었어요.

"얼른 존을 만나서 한 번 심문해 봐야 할 것 같소. 그 사람에게 충분한 알리바이가 있어야 할 텐데……."

"저도 함께 가요, 네?"

인사이클로피디아가 식탁에서 서둘러 일어나며 외쳤어요.

"르로이, '함께 가도 되나요?'라고 여쭈어야지! 먼저 우유부터 다 마시렴."

엄마의 말이 떨어지기가 무섭게 인사이클로피디아는 벌컥벌컥 우유를 마셨어요.

"저도 함께 가도 되나요, 아빠?"

"그래, 함께 가자꾸나. 하지만 넌 차 안에서 기다려야 할 게다. 그리고 조용히 있어야 한다."

"네, 찍소리도 안 내고 조용히 있을게요."

인사이클로피디아는 아빠에게 굳게 약속했어요.

존 애봇이 누나네 가족과 함께 사는 집으로 향하는 경찰차 안에서 인사이클로피디아는 아빠 옆에 조용히 앉아 있었어요.

'차 안에 남아 있는 것도 그렇게 나쁘지는 않을 거야. 집에 있는 것보다는 훨씬 가까이에서 사건을 볼 수 있으니까.'

어느 집 앞에 이르러서 브라운 경찰서장이 경찰차를 멈춰 세웠어요.

"다 왔다."

흰 페인트칠이 벗겨져 가는 작은 집이 보였어요. 집 앞의 그늘진 도로에 낡은 노란색 차 한 대가 세워져 있었어요.

"집 안에 존이 있나보구나."

브라운 경찰서장이 말했어요.

잠시 후 키가 큰 젊은이가 집에서 나왔어요. 한 살 반 정도 되어 보이는 맨발의 남자아이를 안고 있었지요. 브라운 경찰서장은 인사이클로피디아에게 차 안에 가만히 있으라고 재차 일렀어요. 그러고는 차에서 내려 존 애봇에게 걸어갔지요.

"존, 아이를 내려놓게. 그리고 두 손을 내가 볼 수 있게 해 주게나."

브라운 경찰서장이 소리를 높여 말했어요.

존 애봇은 맨발의 어린아이를 노란색 차의 앞쪽 덮개 위에 조심히 내려놓았어요. 그리고 두 손을 들어 올리며 물었지요.

"서장님, 뭐 때문에 그러시죠?"

"강도 혐의일세. 1시간 전에 자네가 바인 거리에 있는 프린세스 제과점에서 달려 나오는 걸 본 사람이 있어. 문이 부서지고 금고에 있는 현금이 몽땅 털렸네."

브라운 경찰서장의 대답에 존 애봇이 웃음을 터뜨렸어요.

"1시간 전이면 저는 바인 거리 근처에 없었어요. 온종일……."

"어, 조심해!"

경찰서장이 외치며 아이를 향해 뛰었어요.

아이는 어느새 노란색 차의 지붕 위로 기어 올라가 있었어요. 방긋방긋 웃으며 기분 좋은 소리를 내던 아이가 갑자기 일어서서 지붕 가장자리 쪽으로 발을 뗐어요. 아이가 떨어지려는 순간 브라운 경찰서장이 아이를 붙잡았어요.

"고맙습니다, 서장님. 제 조카를 구해 주셨군요. 이제 제가 안고 있겠습니다."
놀란 가슴을 쓸어내리며 존 애봇이 말했어요.
"아닐세. 내가 데리고 있겠네. 자네는 오늘 어디에 있었는지 말해 주겠나?"
브라운 경찰서장이 아이를 품에 꼭 안으며 말했어요.
"제가 1시간 전에 프린세스 제과점에서 나오는 걸 보았다고 한 사람은 정신 나간 사람이거나 거짓말쟁이예요."
존 애봇은 자신이 결백하다고 주장했어요.
"자네가 다른 곳에 있었다는 걸 증명할 수 있겠나?"
"시내에서 멀리 떨어진 곳에 있었어요. 오늘 아침 8시부터 이 차를 계속 운전했으니까요. 선데일 해안을 멈추지 않고 달렸거든요. 저도 서장님이 오시기 바로 5분 전쯤에 도착했어요."
브라운 경찰서장이 손목시계를 들여다보았어요.
"6백 마일을 달리는 데 거의 12시간이 걸렸군. 6시 무렵에 차를 세우고 이야기를 나눈 사람은 혹시 없었나? 그럼 자네 이야기를 확인해 줄 수 있을 텐데."

"아니요. 6시 무렵에는 없었어요. 4시 반경에 차에 기름을 넣고 햄버거 먹느라 멈춘 것 말고는 계속 달렸거든요. 과속은 하지 않았어요. 그러니 전 제과점 강도 사건과는 아무런 관계가 없다고요."

"자네 말이 모두 사실인가?"

"정말이라니까요. 믿어 주세요. 있는 그대로 말씀드린 거예요."

존 애봇은 무척 억울하다는 표정을 지었어요.

"알겠네. 자넬 보았다고 한 증인을 만나 봐야겠군. 그 증인의 말이 정확하지 않은 것일 수도 있어."

브라운 경찰서장은 아이를 존 애봇의 품에 안겨 주고 나서 경찰차로 걸어갔어요.

"전부 다 보고 들었어요, 아빠. 그런데 왜 저 사람을 체포하지 않으세요?"

인사이클로피디아가 말했어요.

"강도 사건이 일어났을 시각에 선데일 해안에서 돌아오는 중이었다는구나. 우리가 오기 5분 전에 집에 도착했대. 저 사람 말이 거짓말이라는 증거가 아직까지는 없잖니."

운전석에 앉은 브라운 경찰서장은 차에 시동을 걸었어요.
"르로이, 증인이 어쩌면 실수를 했을 수도 있어. 존 애봇과 닮은 사람을 본 것일 수도 있다는 거지. 범인이라는 확실한 증거를 찾아내야 훌륭한 경찰관이란다."
"전 그 증인의 말을 믿어요. 존 애봇은 저 노란색 차로 선데일 해안에서부터 운전해 오지 않았어요. 그러지 않았다는 증거를 보여 드릴게요!"

과연 그 증거가 무엇이었을까요? ❶ 93쪽에 해결이 있어요.

과 학 솔 루 션

6백 마일을 달리는데 12시간이면 어느 정도의 빠르기일까요?

브라운 경찰서장은 손목시계를 들여다보았어요.
"6백 마일을 달리는 데 거의 12시간이 걸렸군. 6시 무렵에 차를 세우고 이야기를 나눈 사람은 혹시 없었나?"

물체의 속력

여러분은 움직이는 물체를 보면서 정말 빠르다고 느껴 본 적이 있나요? 우리는 물체의 움직임을 속력으로 측정하여 비교해 볼 수 있습니다.

예를 들어 우리가 많이 쓰는 속력은 거리(m)를 시간(s)으로 나눈 것으로 측정합니다. 만약 50미터(m)의 거리를 50초(s)로 갔다고 하면 이때의 속력은 1m/s로 나타내지요. 이처럼 우리는 속력을 거리와 시간을 가지고 계산합니다.

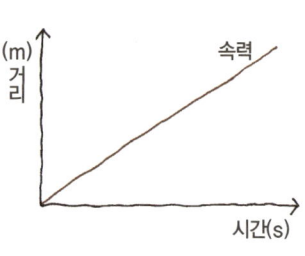

하지만 여기에서 유의할 점이 있습니다. 그것은 속력을 측정할 때에는 상대적인 것을 고려해야 한다는 것입니다. 다시 말하면 측정하는 사람이 관찰하는 방법에 따라서 속력이 달라진다는 것입니다.

먼저, 측정하는 사람이 가만히 서 있는 상태에서 물체의 속력을 측정한다고 합시다. 이것은 아주 간단하게 측정이 가능하지요.

그러나 만약 측정하는 사람이 움직인다고 하면 어떨까요? 이것은 측정하는 사람이 측정하는 물체와 같은 방향인지 반대 방향인지에 따라 다른 속력을 느끼게 됩니다.

예를 들어 달리는 자동차 안에서 같은 방향으로 움직이는 자동차를 보는 경우는 그렇게 빠르다고 느끼지 못합니다. 하지만 달리는 자동차와 반대 방향으로 움직이는 자동차의 경우는 정말 빠르게 움직이는 것처럼 느껴집니다. 이처럼 속력을 측정할 때에는 측정하는 관찰자의 위치도 중요합니다.

속력을 측정할 때 또 한 가지 고려해야 할 것이 있습니다. 그것은 바로 평균 속력을 쓴다는 것입니다. 그 이유는 움직이는 사람

과학 솔루션

혹은 물체가 처음 속력을 계속 일정하게 유지하기 어렵기 때문입니다. 예를 들어 자동차를 운전하는 경우 속력이 중간 중간 변하기 마련입니다. 때문에 처음과 나중 속력을 구하여 평균 속력을 쓰는 것이 일반적입니다. 따라서 우리가 말하는 속력이란 평균 속력을 뜻합니다.

사건을 해결하는 데 도움을 준 과학 지식은 무엇일까요?

금속은 다른 물질에 비하여 열을 잘 전도하는 물질입니다. 존 애봇은 자동차로 12시간을 운전했다고 말했습니다.

이 정도의 시간이면 자동차의 표면은 뜨거운 엔진으로 인하여 엄청나게 가열된 상태입니다. 게다가 5분 전에 집에 도착한 상태라면 아직 자동차 표면에 뜨거워진 열이 식지 않아 남아 있을 수밖에 없답니다.

정답

6백 마일을 달리는 데 12시간 정도가 걸렸다면 얼마나 빠를까요? 여기에서 쓰는 마일이라는 단위는 우리나라보다 미국에서 많이 쓰는 단위입니다. 보통 1마일은 약 1.6킬로미터정도이지요. 그렇다면 6백 마일은 960킬로미터입니다. 이것을 1시간으로 나누면 약 80킬로미터정도이지요. 결국 자동차는 평균 80km/h의 속력으로 달린 것입니다.

사건의 해결 — 들통 난 알리바이 편

 존 애봇은 브라운 경찰서장이 나타나기 바로 '5분' 전에 누 나네 집에 도착했다고 말했다. 만약 존이 선데일 해안에서부 터 자동차를 운전해 왔다면 자동차의 표면은 아직 뜨거운 상 태였을 것이다.
 그는 12시간 운전 중에 햄버거를 사고 주유를 하기 위해 딱 한 차례 멈추었다고 했다. 그 말이 사실이라면 맨발로 뜨거운 자동차 위에 올라간 존의 조카는 발이 아파서 울었을 것이다.
 하지만 아이는 방긋방긋 웃으며 기분 좋은 소리를 냈다. 그 러므로 그 자동차가 뜨겁지 않았다는 것을 알 수 있다. 서늘한 자동차는 그 차가 존의 말대로 12시간의 운행을 막 끝내고 주 차된 것이 아니라는 것을 뜻한다.

수박에 꽂힌 칼의 주인은 누구일까?

브라운 사설탐정소에 처음으로 어른이 방문했어요. 식료품 가게를 하는 패치 씨가 수박을 들고 찾아왔지요. 그 수박에는 칼이 깊게 꽂혀 있었어요.

"이 칼의 주인을 찾아다오. 도대체 이게 무슨 짓이라니!"

패치 씨가 화가 난 목소리로 외쳤어요.

인사이클로피디아는 수박을 바라보았어요.

"수박을 찌르는 것은 법을 어긴 게 아닌데요. 그러니까 제 말은 사람을 찌른 것과는 같지 않다는 거죠."

소년 탐정의 지적에 패치 씨가 단호하게 말했어요.

"사건은 이 칼이 수박에 박히면서 끝났지만, 시작은 가게의 창문이란다."

"아저씨 말은 그러니까 누군가 칼로 가게 창문을 따고 들어왔단 것인가요?"

"그래, 거기다 내 금고까지 열었지."

패치 씨가 씩씩거리며 말했어요.

"얼마나 훔쳐 갔어요?"

소년 탐정이 묻자 패치 씨가 조금 누그러진 목소리로 대답했어요.

"그 도둑 녀석은 그럴 여유가 없었어. 내가 오는 소리를 듣고 무서워서 내뺐거든. 하지만 도망치면서 발이 걸려 넘어졌단다. 그때 이 칼이 수박에 꽂힌 거야. 녀석은 칼을 뺄 틈도 없이 정신없이 도망쳤어."

"혹시 얼굴은 보셨어요?"

패치 씨가 고개를 저었어요.

"아니, 못 봤어. 하지만 녀석의 웃옷 등판에 큼직한 L자가 있는 건 봤지."

"그 말은 칼의 주인이 우드번 거리에 있는 사자 클럽의 회원이라는 거네요. 이거 대단히 중요한 실마리인데요!"

인사이클로피디아는 가까이 다가가 수박을 자세히 들여다보았어요. 칼은 수박에 깊이 박혀서 나무로 된 손잡이 부분만 밖으로 나와 있었지요.

패치 씨는 25센트를 휘발유 통 위에 놓았어요.

"어서 이 칼의 주인을 찾아다오!"

인사이클로피디아는 수박에 꽂힌 칼의 손잡이를 골똘히 쳐다보았어요.

'저 칼이 범인의 것이라면 당연히 손잡이에는 범인의 지문이 묻어 있겠지? 지문만 확인하면 간단히 해결할 수도 있을 텐데. 그러려면 지문 검사 도구가 필요하니까 이번 사건에는 아무래도 추가 비용이 들어가겠어.'

잠시 후 인사이클로피디아가 말했어요.

"아저씨, 이번 사건은 시간이 좀 필요해요. 지문 검사를 해야 하거든요. 지문 검사 세트를 사서 칼 손잡이에 분말을 뿌리면 누구의 지문인지 금세 알아낼 수 있을 거예요."

"아마 지문은 없을 게다. 내가 닦아 냈거든."

패치 씨가 가라앉은 목소리로 말했어요.

"닦아 버리셨다고요?"

인사이클로피디아가 의아하여 되물었어요.

패치 씨가 설명했어요.

"그래. 우리 집 고양이가 선반에 있던 밀가루 봉지를 떨어뜨렸거든. 그 바람에 봉지가 터져서 수박이고 칼이고 모두 밀가루 범벅이 되었지 뭐냐! 밀가루를 닦아 내려면 어쩔 수가 없었단다."

"아, 그때 지문까지도 모두 닦였겠군요!"

머리를 감싸 쥔 인사이클로피디아가 앓는 소리를 냈어요. 그러다 갑자기 얼굴을 홱 들었지요. 표정은 아까보다 밝아져 있었어요.

"그 도둑은 아저씨가 지문을 닦아 버린 걸 아직 모르고 있을 거예요!"

인사이클로피디아는 주머니에서 손수건을 꺼내 들었어요. 그리고 조심스럽게 칼의 손잡이를 손수건으로 감싸고는 패치 씨에게 말했어요.

"됐어요. 이렇게 해 놓으면 마치 지문을 보존하려는 것처럼 보일 거예요. 아마 도둑은 증거를 없애기 위해 그 지문을 지우려 들 것이고, 그러면 정체가 드러나는 거지요. 우리는 그저 가만히 사자 클럽의 회원들을 지켜보기만 하면 돼요. 이제 가요, 아저씨."

인사이클로피디아는 칼이 꽂힌 수박을 가지고 패치 씨의 트럭에 올라탔어요. 패치 씨는 우드번 거리로 트럭을 몰았어요. 저만치에서 사자 클럽 하우스가 보였어요.

마침 사자 클럽 하우스 입구에는 클럽 회원인 존, 프랭크, 콜키, 버스터가 서성이고 있었어요. 그들은 낡은 검은색 차의 엔진을 손보고 있었지요.

회원 수로 보면 몇 명 안 되지만 사자 클럽 회원들은 모두 벅스보다도 덩치가 큰 남자아이들이었어요. 하지만 그렇다고 해도 패치 씨보다 더 큰 아이는 없었지요.

패치 씨의 우람한 덩치와 힘센 팔, 커다란 손을 본 사자 클럽 아이들은 얌전히 서서 인사이클로피디아가 하는 말에 귀를 기울였어요.

"이 수박이 보이지? 자, 손수건을 치운다. 짜잔! 뭐가 나타났니?"

인사이클로피디아의 물음에 아이들은 멀뚱히 칼이 꽂힌 수박을 바라보았어요.

"칼의……."

"손잡이……."

"흠, 아주 흥미로운걸."

"그게 어쨌다는 건데?"

콜키, 버스터, 존, 프랭크가 차례대로 한마디씩 했어요.

"이 칼은 누군가가 패치 아저씨네 가게를 털려고 사용한 거야."

인사이클로피디아가 말했어요.

"그 칼은……."

"우리 중……."

"어느 누구의……."

"것도 아닌데……."

다시 버스터, 프랭크, 존, 콜키가 차례대로 말했지요. 그러자 진지한 표정의 소년 탐정이 입을 열었어요.

"그럴지도 모르지. 하지만 경찰은 아마 너희들의 지문을 채취할 거야. 가책을 느끼는 사람은 지금 앞으로 나와. 그러면 패치 아저씨가 너무 엄하게 다루지 말라고 경찰에게 부탁하실 거니까."

"물론 내 가게를 털려고 했던 일은 괘씸하지만 이 소년의 말대로 지금이라도 솔직히 용서를 구하면 경찰에 잘 얘기해 주겠다. 자, 이 칼의 주인이 누구냐?"

패치 씨의 이야기를 듣는 사자 클럽 아이들의 표정이 사뭇 진지해졌어요.

그러나 그것이 전부였어요. 다들 입을 꾹 다물고 있었지요.

"네 계획대로라면 칼 손잡이를 닦아 내려는 애가 있어야 할 텐데 아직 없구나!"
패치 씨가 인사이클로피디아에게 귀엣말을 했어요.

인사이클로피디아도 고개를 끄덕이며 귀엣말로 대답했지요.

"수박에 꽂힌 칼을 그대로 놔두세요. 아직 손대지 마세요."

그리고 클럽 아이들에게 말했어요.

"경찰이 너희 중에서 도둑을 찾게 되면 너희 클럽을 해산시킬 거야."

어느새 클럽 아이들의 얼굴에서 진지한 표정이 사라졌어요. 이제는 겁을 집어먹은 표정이었지요.

별안간 존이 조그만 소리로 말했어요.

"프랭크에게 저렇게 생긴 칼이 있어."

"닥쳐! 저런 손잡이를 가진 칼은 다른 사람들도 많아."

프랭크가 쏘아붙였어요.

"어제 나한테 네 칼을 보여 줬잖아."

존이 되받아쳤어요. 그러고는 다시 호들갑스럽게 말했어요.

"나한테 잡아 보게까지 해 줬는걸. 이걸 어째, 내 지문도 묻어 있겠네!"

"저 칼이 아니라니까. 그러니 쓸데없는 걱정하지 마!"

프랭크가 말했어요.

"내 칼은 지난달에 잃어버렸어. 다들 알지? 콜키, 네 칼은 어디 있어?"

버스터가 말했어요.

"나도 잃어버렸어. 어쨌든 이건 내 칼이 아니야. 내 것은 칼날이 1.3센티미터 정도 더 길어."

콜키가 말했어요.

클럽 아이들은 다른 회원들의 칼이 어떻게 생겼는지 아무도 기억해 내지 못했어요. 결국 아이들은 큰 소리로 입씨름을 벌이기 시작했어요. 저마다 결백을 주장하려고 애를 썼지요.

"난감하군."

패치 씨가 중얼거렸어요.

"겁을 집어먹고 자기들끼리 싸우고 있어. 하지만 지문을 지우려고 칼 손잡이를 만진 사람은 없어. 네 계획이 헛수고가 되었구나!"

인사이클로피디아가 말했어요.

"아니요, 성공했어요. 누구 칼인지 이미 알아냈거든요."

인사이클로피디아는 칼의 주인을 어떻게 알아냈을까요?

○ 107쪽에 해결이 있어요.

과 학 솔 루 션

지문 검사의 원리는 무엇일까요?

"지문 검사 세트를 사서 칼 손잡이에 분말을 뿌리면 누구의 지문인지 금세 알아낼 수 있을 거예요."

지문 속에 숨어 있는 과학

여러분은 끔찍한 살인 사건이 발생했을 때 어떻게 경찰이 범인을 찾아내는지 궁금하지 않았나요? 범인을 잡는 데 많이 사용되는 방법 중 하나가 현장에서 지문을 채취하는 것입니다.

지문으로 신원을 확인하는 방법은 오래전부터 사용되어 왔는데 그것이 가능한 이유는 모든 사람의 지문이 다 다르게 생겼기 때문입니다. 따라서 현장에서 지문을 채취하면 그 지문의 주인이 범인이거나 사건과 관련이 있는 사람이므로 훨씬 수사가 쉬워집니다.

지문은 손가락의 무늬를 말하며 크게 두 가지로 나눌 수 있습니다. 먼저 어떤 물질이 묻어서 눈으로 지문의 선을 관찰할 수 있는 현재 지문이 있고, 눈으로 보이지는 않지만 사람 피부의 자연적인 분비물만 남은 잠재 지문이 있습니다.

눈으로 관찰하기 쉬운 현재 지문에 비하여 잘 보이지 않는 잠재 지문을 채취하는 것은 참 어려운 작업입니다.

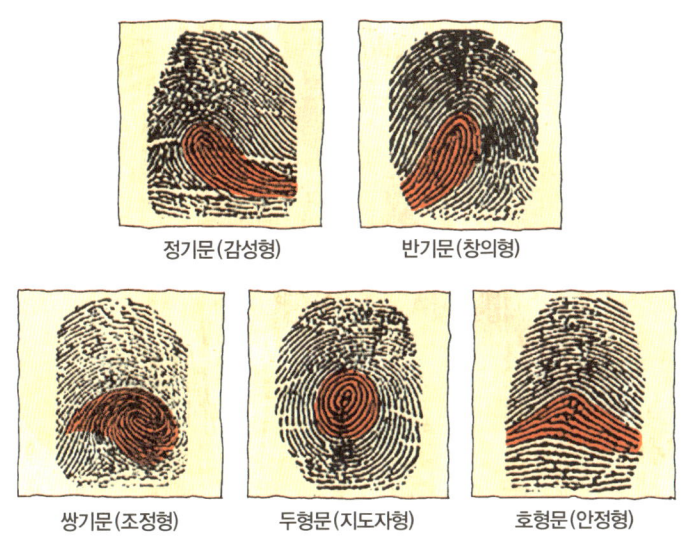

정기문(감성형)   반기문(창의형)

쌍기문(조정형)   두형문(지도자형)   호형문(안정형)

그렇다면 지문을 알아내는 방법에는 무엇이 있을까요?

가장 간단한 방법으로 지문을 채취하기 위해 특정한 가루를 뿌려서 알아내는 것이 있습니다.

또 지문은 드러나지 않는 것이 많기 때문에 액체 시약을 이용하는 방법도 있습니다. 액체 시약은 아미노산이나 지방 성분과 반응하여 지문을 나타내기 때문에 더욱 선명한 지문을 얻을 수가 있습니다.

그 밖에도 형광 시약이나 색을 나타내는 발색 시약을 사용하기도 합니다. 이 시약들을 사용하면 어디에 찍힌 지문이라도 정확하

게 알아낼 수 있습니다.

최근에는 X-선을 이용하는 기술도 개발되었습니다. 이 기술의 장점은 사람의 몸속에 들어 있는 금속 이온들을 검출해 내기 때문에 증거물을 훼손시키지 않고 지문을 채취할 수 있어 매우 효율적입니다.

정답

사람의 지문은 서로 달라서 지문 검사를 통하여 누구인지 식별할 수 있습니다. 특히 지문을 검사하는 장비에는 특별한 가루를 사용합니다. 주로 알루미늄 분말이나 흑연, 숯가루를 사용하는데 수분이나 지방 성분에 붙어서 보이지 않는 지문까지 보이게 할 수 있다고 합니다. 이렇게 채취한 지문으로 신원을 확인하는 데 이용한답니다.

수박에 꽂힌 칼의 주인 편

　사자 클럽의 회원들은 인사이클로피디아와 패치 씨가 추궁하는 동안 아무도 칼을 만지지 않았다. 그래서 칼날은 아이들이 보는 내내 수박 속에 묻혀 있었다. 다시 말하면, 아이들은 칼의 손잡이만 보았을 뿐 칼날 부분을 보지 못했던 것이다. 따라서 어느 누구도 수박에 꽂혀 있는 칼날이 얼마나 긴지 알 수 없었다.
　하지만 콜키는 자기 칼은 수박에 꽂혀 있는 것보다 칼날이 1.3센티미터 정도 더 길다고 말했다. 그 말이 콜키의 실수였다. 수박에 꽂혀 있는 칼을 먼저 본 사람이 아니고서는 그 칼날이 얼마나 긴지 알 리 없으니까! 즉, 그 칼은 콜키가 떨어뜨린 것이었다.

누가 탐정의 롤러스케이트를 훔쳤나?

 화요일 아침 9시에서 9시 반 사이, 비비안 윌슨 선생님의 치과 대기실에서 샐리의 롤러스케이트가 사라졌어요. 소년 탐정 인사이클로피디아는 그 범죄 현장에서 3미터도 떨어져 있지 않았어요. 비록 두 눈을 감고 입을 쫙 벌린 채 의자에 앉아 있었지만!
 어찌 보면 소년 탐정에게도 핑계는 있었어요. 치과 의사인 윌슨 선생님이 인사이클로피디아의 이를 뽑고 있었으니까요.
 "됐다!"
 윌슨 선생님은 뽑은 이가 마치 아이스크림콘이라도 되는 것처럼 조심스럽게 건네주며 쾌활하게 말했어요.

"후유!"

인사이클로피디아가 안도의 숨을 내쉬었어요.

"다 끝났다. 의자에서 내려오렴."

윌슨 선생님이 말했어요.

인사이크롤피디아는 의자에서 폴짝 내려서며 뽑은 이를 주머니에 넣었어요. 이를 수집하는 찰리에게 줄 참이었지요. 찰리는 꽃 그림이 그려진 쿠키 항아리에 온갖 종류의 이들을 모으고 있었어요.

인사이클로피디아는 대기실로 갔어요. 그런데 샐리의 롤러스케이트를 올려놓았던 의자가 텅 비어 있었어요. 소년 탐정은 서둘러 의자 뒤쪽을 살펴보고 무릎을 꿇고 의자 아래도 보았지요. 하지만 롤러스케이트는 어디에도 없었어요.

"롤러스케이트가 없어졌다!"

"롤러스케이트를 가져왔던 게 확실하니?"

윌슨 선생님이 물었어요.

"네, 확실해요. 그건 제 친구 샐리의 롤러스케이트인데 고장이 나서 어젯밤에 제가 고쳤거든요. 치과 진료 끝나고 집으로 가는 길에 샐리네 집에 들러서 주려던 참이었어요."

인사이클로피디아가 대답했어요.
윌슨 선생님은 가망이 없다는 듯 고개를 저으며 말했어요.
"안됐다만 찾는 건 포기해야 할 것 같구나."

윌슨 선생님은 소년 탐정의 활약상을 모르고 있었어요.

"반드시 롤러스케이트를 찾아내겠어요."

인사이클로피디아는 자신 있게 말했지만 속마음은 그게 아니었어요.

'감히 이 명탐정의 물건을 훔쳐 가다니!'

인사이클로피디아는 자존심을 주먹으로 한 방 맞은 기분이었어요. 턱을 얻어맞은 것보다 더 기분이 나빴어요.

치과를 나온 인사이클로피디아는 벽에 기대어 눈을 감고 골똘히 생각했어요. 윌슨 선생님의 치과는 새로 생긴 메디칼 빌딩의 1층에 있었어요. 이 건물은 3층으로 되어 있고, 15개의 사무실이 있는데 모두 의사들의 진료실로 사용되고 있었지요.

'만약 도둑이 스케이트를 훔치기 위해 나를 따라 빌딩으로 들어온 것이라면?'

이런 생각이 들자 인사이클로피디아는 앞이 막막해졌어요. 그럼 사건의 실마리를 찾기가 더욱 어려워지거든요.

'내 남은 인생 동안 찾아다녀도 범인을 못 잡을지 몰라.'

하지만 곧 반대의 경우에 대해서도 생각했어요.

'도둑이 그저 의사에게 진료를 받으려고 빌딩 안으로 들어왔다고 가정하면? 빌딩 안으로 들어오다가 어떤 소년이 롤러스케이트를 가지고 있는 것을 보았다고 가정하면? 흠, 그렇다면 이야기가 달라지지!'

인사이클로피디아는 계속 추리를 해 나갔어요.

"도둑이 어른일 수도 있고, 아이일 수도 있어."

하지만 소년 탐정은 곧 어른을 제외시켰어요. 우선 어른이 낡고 작은 롤러스케이트를 훔친다는 것이 있음 직하지 않기 때문이었지요. 또 어른은 잡기도 어려울 것 같았거든요. 매시간마다 엄청나게 많은 어른들이 메디칼 빌딩을 드나들고 있으니까요.

"도둑이 아이일 거라는 가정에 따라 움직여야겠어. 가망이 없을지도 모르지만 방법은 이것뿐이야."

인사이클로피디아는 눈을 떴어요. 쉽지만 발품이 드는 탐방 수사가 필요했어요. 곧 1층부터 탐방 수사를 시작했지요.

모든 진료실에 들러 똑같은 질문을 되풀이했어요.

"오늘 아침 여기에 진료받으러 온 남자아이나 여자아이가 있었나요?"

진료실마다 똑같은 대답이 돌아왔지요.

"아니."

점점 희망이 없어 보였어요. 하지만 3층에서 마침내 실마리를 얻었어요. 301호 간호사의 말이 빌리 해걸티라는 남자아이가 삔 손목을 치료받으러 오늘 아침 들렀다는 것이었지요.

인사이클로피디아는 남은 두 진료실에도 마저 들러 물어보았어요. 두 군데 모두 오전에 어린아이를 진료한 의사는 없었어요.

지금 상황에서는 빌리 해걸티가 가장 의심스러운 용의자였어요. 인사이클로피디아는 301호 간호사에게서 빌리 해걸티의 주소를 알아냈어요. 소년 탐정은 전화를 사용하기 위해 다시 윌슨 치과에 들렀어요. 그리고 샐리에게 전화를 걸어 30분 후에 빌리 해걸티의 집 앞에서 만나자고 말했어요.

"쉽진 않을 거야."

빌리 해걸티네 집 초인종을 누르면서 소년 탐정이 샐리에게 경고를 했어요. 스스로에게 하는 말이기도 했지요.

빌리 해걸티는 인사이클로피디아보다는 조금 크고 샐리보다는 작은 아이였어요.

"오늘 아침에 비비안 윌슨 선생님의 진료실에 갔었니?"

인사이클로피디아의 질문에 빌리는 가슴을 펴고 똑바로 섰어요.

"아니. 윌슨 선생님이 누군지도 몰라."

"윌슨 선생님에 대해서는 들은 적이 없단 말이지?"

샐리가 끼어들었어요.

"그래. 윌슨이라는 이름도 처음 들어."

빌리가 시큰둥하게 말했어요.

"그러면 3층에 있는 의사 선생님께 곧장 갔다는 말이니?"

인사이클로피디아가 물었어요.

"그래. 301호의 스탠튼 의사 선생님. 그게 어쨌는데?"

"윌슨 선생님의 진료실은 계단이나 승강기 쪽으로 가는 길목에 있어서 위층으로 올라가거나 내려올 때 지나칠 수밖에 없는데……."

인사이클로피디아가 생각에 잠겨 중얼거렸어요.

"그 진료실 위치 같은 건 난 몰라. 알 필요도 없고. 내가 어디 있었는지 네가 무슨 상관이야?"

빌리가 못마땅한 얼굴로 말했어요.

"우리는 그저 네가 오늘 아침에 비비안 윌슨 선생님의 진료실에 들른 적이 있는지 확인하려는 것뿐이야."
샐리가 대꾸했어요.
"미안하지만 난 거기에 간 적이 없어. 난 손목을 삔 것이지 이가 아픈 게 아니었거든. 그러니 그 남자 선생님한테는 갈 이유가 전혀 없어. 꼬치꼬치 캐고 다니는 사람은 정말 질색이라니까! 도대체 뭘 찾으려고 그러는 거야?"
빌리의 물음에 인사이클로피디아가 대답했어요.
"롤러스케이트. 이제 주인에게 돌려주는 게 어때? 네 입으로 이미 말했잖아."

인사이클로피디아는 빌리가 범인이라는 것을 어떻게 알았을까요?
○ 119쪽에 해결이 있어요.

과 학 솔 루 션

스케이트가 잘 미끄러지는 원리는 무엇일까요?

"롤러스케이트가 없어졌다!"
"롤러스케이트를 가져왔던 게 확실하니?"
윌슨 선생이 물었어요.

신비로운 힘 ― 마찰력

우리가 길을 걸을 때 꼭 필요한 힘이 있습니다. 바로 마찰력입니다. 만약 마찰력이 없다면 우리는 걷기가 어려울 수도 있습니다. 쉬운 예로 얼음판 위에서는 미끄러워서 자연스럽게 걸을 수가 없습니다. 이것은 얼음의 마찰력이 작기 때문입니다.

그렇다면 마찰력은 무엇일까요? 마찰력은 물체와 접촉하는 면 사이에 물체의 운동을 방해하는 힘을 말합니다.

마찰력은 이렇게 운동을 방해하는 힘이지만 꼭 있어야만 합니다. 왜냐하면 마찰력이 없다면 우리는 제자리에 멈추기가 힘들 수도 있기 때문입니다. 즉 신발과 땅 사이에 마찰력이 있기 때문에 우리는 그 힘으로 마음대로 멈추거나 설 수 있는 것입니다. 마찰력이 적은 얼음판 위에서 마음대로 속도를 줄이기 어려운 것도 이와 같은 이유입니다.

〈마찰력과 누르는 힘〉 〈마찰력의 방향〉

또 마찰력에는 3가지 종류가 있습니다. 정지 마찰력, 최대 정지 마찰력, 운동 마찰력입니다.

정지 마찰력은 물체가 움직이지 않고 정지하고 있는 마찰력을 말하며, 최대 정지 마찰력은 물체가 움직이는 순간의 마찰력은 말합니다. 운동 마찰력은 운동하고 있는 물체에 작용하는 마찰력입니다. 이때 정지해 있는 물체를 움직이기 위해서는 최대 정지 마찰력보다 큰 힘이 가해져야 합니다. 그래야 물체가 움직일 수 있기 때문이지요.

또, 재미있는 사실은 한 번 움직이기 시작한 물체는 더 작은 힘을 받아도 움직일 수 있다는 것입니다. 그 이유는 최대 정지 마찰력이 운동 마찰력보다 크기 때문입니다.

이처럼 마찰력은 우리에게 보이지는 않지만 늘 우리 주변에 존재하고 있는 힘이랍니다.

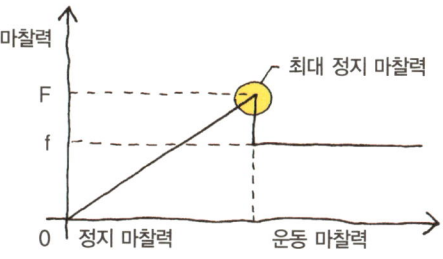

재미있는 과학 상식 : : : 빗면 속에 숨겨진 과학 찾기

경사진 빗면을 안전하게 내려오려면 어떻게 해야 할까요? 길의 방향으로 곧장 내려오지 않고 지그재그로 내려오면 안전합니다. 그 이유는 경사진 각을 줄일수록 작은 힘이 들기 때문입니다. 일반적인 못보다 나사못이 더욱 잘 박히고, 날이 잘 선 도끼나 칼이 물체를 더욱 잘 파고들 수 있는 것도 바로 그런 이유 때문입니다. 이렇게 빗면 속에도 재미있는 과학이 숨어 있답니다.

> **정답**
>
> 신발을 신고 얼음판 위를 걸으면 잘 미끄러지지 않습니다. 하지만 스케이트를 신고 얼음판 위에 올라가면 잘 미끄러집니다. 그 이유는 바로 마찰력 때문입니다. 마찰력이란 물체의 운동을 방해하려는 힘을 말하는데, 신발의 바닥 면은 홈이 많이 파여 거칠기 때문에 마찰력이 커서 미끄러지지 않게 됩니다. 하지만 스케이트는 바닥에 매끄러운 금속으로 된 날이 달려 있어 마찰력이 아주 작습니다. 따라서 잘 미끄러지게 되는 것입니다.

사건의 해결: 누가 탐정의 롤러스케이트 편

 빌리 해걸티는 인사이클로피디아에게 비비안 윌슨 선생님의 이름을 들어 본 적도 없고 그의 진료실이 어디에 있는지도 모른다고 말했다. 그러나 빌리는 윌슨 선생님에 대해 의외로 많은 것을 알고 있었다.
 비비안 윌슨 선생님이 여자가 아닌 남자이고, 그냥 의사가 아닌 치과 의사라는 것을 알고 있었던 것이다.
 결국 거짓말이 들통 난 빌리는 샐리에게 롤러스케이트를 돌려주었다.

달걀 돌리기 챔피언의 비밀

 오하라 아저씨는 아이다빌 시에서 가장 맛있는 초콜릿 아이스크림 음료를 만드는 사람이었어요. 오하라 아저씨는 초콜릿 아이스크림 음료를 주문하는 모든 이들에게 초콜릿 아이스크림을 곱절로 넣어서 만들어 주었어요.
 인사이클로피디아는 날씨가 더운 날이면 오하라 아저씨의 가게를 찾았어요. 소년 탐정 사업이 잘되어 가자 서늘한 날에도 들렀지요. 하지만 오하라 아저씨의 가게에 들른 덕분에 사건을 해결하게 될 줄은 생각지도 못한 일이었어요.
 오하라 아저씨의 가게에서 사람들은 음료나 아이스크림을 주문했어요. 가끔 두 가지를 다 주문하는 사람도 있었지요.

그런데 어느 일요일, 12살쯤 되는 남자아이가 달걀 하나를 들고 가게로 들어섰어요. 남자아이는 오하라 아저씨네 계산대에 달걀을 올려놓았어요.

뜻밖의 광경에 인사이클로피디아는 음료를 다 마신 후였지만 자리에 그대로 앉아 달걀을 들고 온 남자아이를 유심히 지켜보았어요. 남자아이가 계산대 위에 놓인 달걀을 빙빙 돌리는 모습을 보자 더 흥미가 생겼지요.

"달걀 돌리는 걸 연습하는 거니?"

오하라 아저씨가 남자아이에게 물었어요.

남자아이는 세상에 부러울 것이 없는 것처럼 미소를 지었어요.

"네, 감각을 유지하려고요. 내일 큰 시합이 있거든요."

남자아이는 또다시 달걀을 돌렸어요.

'잘하는데! 쓰러뜨리지 않고 달걀 돌리는 법을 제대로 알고 있네.'

인사이클로피디아는 속으로 중얼거렸어요.

남자아이는 초콜릿 음료를 주문했어요. 아이스크림을 세 곱절 넣어서 10센트를 더 내야 하는 특별 음료였지요.

오하라 아저씨가 음료를 만들어 남자아이 앞에 놓았을 때였어요. 그 순간 빙글빙글 돌던 달걀이 음료수 잔에 부딪히며 튕겨져 나갔어요. 미처 손을 쓸 사이도 없이 달걀이 바닥으로 떨어졌지요.

아저씨가 계산대 밑을 바라보며 말했어요.

"이런 달걀이 깨져 버렸네. 미안하구나. 내일이 시합인데 어떡하니?"

남자아이가 손을 내저으며 말했어요.

"신경 쓰지 마세요. 어차피 내일 시합에서는 다른 달걀을 써야 하는걸요."

"깨진 걸 쓸어 담아야겠다."

오하라 아저씨가 가게 뒤로 청소 도구를 가지러 나갔어요. 인사이클로피디아는 음료수 값을 앉았던 테이블 위에 놓았어요.

가게 문을 나서며 보니 아저씨가 빗자루와 쓰레받기를 들고 오는 것이 보였어요.

인사이클로피디아는 자전거를 타고 천천히 집으로 향했어요. 도중에 박제 동물을 만드는 엑스트롬 씨가 완성된 퓨마 박제를 가게의 진열장에 놓는 것을 구경하려고 멈춰 섰어요.

소년 탐정은 그 어느 때보다 느긋했어요. 일요일이어서 탐정 사무실이 쉬는 날이었기 때문이지요.

로버 거리의 모퉁이를 돌던 인사이클로피디아의 눈에 여러 대의 자전거들이 눈에 들어왔어요. 자전거들은 소년 탐정의 집 앞에 세워져 있었어요. 한 무리의 아이들이 차고 앞에서 인사이클로피디아를 기다리는 중이었어요.

조디와 빌리 형제, 찰리, 어브, 핑키, 그리고 샐리까지.

샐리가 인사이클로피디아를 보자 반가워하며 입을 열었어요.

"네 도움이 필요해."

"무슨 일인데?"

"에디 펠란 일이야. 그 애 달걀이 천하무적이거든."

찰리가 말했어요.

"에디 펠란이 누군데? 달걀 제왕이라도 돼?"

인사이클로피디아가 웃음 띤 얼굴로 물었어요.
"농담은 그만해."
샐리가 진지한 표정으로 말했어요.
"에디는 달걀 돌리기 챔피언이야. 그동안 그 애의 달걀 돌리기를 이긴 사람은 단 한 명도 없었어."
핑키가 덧붙여 설명해 주었어요.
"우리 생각에는 그 애가 이기기 위해 뭔가 수를 쓰는 것이 아닌가 싶어."
샐리의 말에 인사이클로피디아가 물었지요.
"그러니까 반칙이 걱정된다 이 말씀이군?"
"진지해라 좀! 지난번 시합에서 에디에게 모두 졌거든. 덕분에 핑키는 야구 글러브, 조디는 방망이, 찰리는 하키 스틱, 빌리는 마술 세트를 잃었어. 어브의 다용도 칼도 에디 손에 넘어갔고."
샐리가 큰 소리로 말했어요.
"내일 시합이 있어. 에디가 이기면 찰리는 지금까지 수집해 온 이들을 몽땅 잃게 돼."
조디가 말했어요.

"이제 막 얼룩말 이 2개를 보냈는데……. 금요일에 돛새치 박제를 웹스터 박사 댁에 배달해 주었다고 엑스트롬 씨가 주셨거든."

찰리가 투덜거리며 말했어요.

"흐음, 달걀 돌리기 시합이라……. 생전 처음 듣는 이야기인 걸. 이 시합은 누가 생각해 낸 건데?"

"에디."

인사이클로피디아의 질문에 모두들 한목소리로 말했어요.

"나는 왜 몰랐지?"

"얘들이 여러 날 동안 연습을 했지만 소용없었어. 이번에도 에디가 찰리의 이 수집품을 가져갈 게 뻔해!"

인사이클로피디아의 물음에 대꾸조차 없이 샐리가 걱정스럽다는듯 말했어요.

"그리고 다른 것들도 다 가져갈 거야."

샐리의 말을 되받아치며 빌리가 한숨을 내쉬었어요.

친구들이 모두 심각하자 인사이클로피디아가 진지하게 질문을 하기 시작했어요.

"구린내가 나는 사건이군. 그런데 시합에 쓸 달걀들은 어디서 가져오는데?"

"슈퍼마켓에서 우리 모두가 함께 가서 가져와."

핑키가 얼른 대답했어요.

"내일 그 애가 슈퍼마켓에서 가져온 달걀로 시합할 거라는 건 어떻게 믿지?"

"각자가 달걀을 한 개씩 골라서 고른 달걀에 연필로 표시를 해. 그런 다음 그 달걀을 다른 아이한테 줘. 그러면 시합 때까지 아무도 달걀을 바꿔치기할 수 없어."

이번에도 핑키가 말했어요.

"에디의 달걀에는 누가 표시를 해?"

"내가. 이중으로 X 표시를 해."

찰리가 말했어요.

"내일, 달걀 돌리기를 시작하기 전에 나한테 신호를 줘. 네가 표시를 한 달걀이면 손가락 하나로, 다른 달걀이면 손가락 두 개로. 알았지?"

"알았어."

인사이클로피디아의 말에 찰리는 고개를 끄덕였어요.

"그럼, 언제 어디에서 시합이 열려?"

"아침 9시에 학교 뒤뜰에서."

조디가 말했어요.

"그럼, 내일 거기서 모두 만나자."

집으로 발걸음을 옮기며 인사이클로피디아가 말했어요.

아이들은 인사이클로피디아가 당장에 사건을 해결해 주지 않자 실망스러워했어요.

"걱정 마. 에디가 왜 항상 이기는지 짐작이 가니까."

아이들에게 인사이클로피디아가 소리쳤어요.

이튿날 아침, 학교 뒤뜰에 도착한 인사이클로피디아를 샐리가 달려와 맞아 주었어요. 샐리는 숨이 차서 헉헉거렸어요.

"네가 제시간에 못 오는 줄 알았어."

"운동화 짝을 찾느라 시간이 걸렸어."

인사이클로피디아는 대답을 하며 주위를 둘러보았어요.

아니나 다를까, 달걀 돌리기 챔피언 에디는 어제 오하라 아저씨 가게에서 본 남자아이였어요.

"달걀 돌리기 챔피언 사건이 확실히 풀렸군."

인사이클로피디아가 알쏭달쏭한 말을 했어요.

에디는 꽃 그림이 있는 쿠키 항아리를 손가락으로 만지며 미소를 짓고 있었어요. 그 항아리에는 찰리가 그동안 소중하게 모아 온 이들이 들어 있었어요.

찰리의 이에 대해 에디가 내건 것은 풋볼 유니폼이었어요. 그것은 찰리가 그동안 모은 53개의 이보다, 핑키의 야구 글러브보다, 조디의 방망이보다, 빌리의 마술 세트보다 훨씬 좋은 물건이었어요. 어브의 낡은 다용도 칼보다도!

"시합이 곧 시작될 거야."

샐리가 말했어요.

찰리와 에디가 바닥에 무릎을 대고 앉았어요. 달걀 돌리기 시합장은 토마스 에디슨 동상 아래에 있는 매끈한 대리석 판이었어요.

시합에 나선 아이들은 각자의 달걀을 다른 아이에게 보여 주었어요. 에디는 찰리의 달걀을 보는 둥 마는 둥했어요. 하지만 찰리는 에디의 달걀을 한참 동안 들여다보다가 천천히 되돌려 주었어요. 찰리가 손가락 하나를 세웠어요. 에디의 달걀은 찰리가 표시를 한 달걀이었던 것이었지요.

"시작할까?"

얼굴에 잔뜩 미소를 띤 에디가 물었어요.

"어떻게 좀 해 봐, 빨리!"

샐리가 인사이클로피디아에게 속삭였어요.

"준비!"

에디가 큰 소리로 말했어요.

"잠깐만! 이 시합에서는 달걀을 돌리는 기술만 겨루니?"

인사이클로피디아가 물었어요.

"엉? 뭐……. 물론이지."

에디가 말했어요.

"그렇다면 달걀을 바꿔도 상관없지? 찰리가 네 달걀로 하고 너는 찰리의 달걀로 해 봐. 달걀을 가장 오래 돌리는 사람이 이기는 거다."

인사이클로피디아의 말에 에디의 얼굴에는 웃음이 싹 사라졌어요. 에디는 누가 볼 새라 재빨리 두 손으로 달걀을 감쌌지요.

"누가 반칙이라도 한다는 거야? 네가 상관할 바 아니잖아. 그리고 이 달걀이 내 것이라는 건 찰리가 알아. 찰리가 표시한 그 달걀이니까."

에디가 따지듯 인사이클로피디아에게 말했어요.

"물론이야. 찰리가 표시한 달걀 맞아. 하지만 다른 사람들은 미처 모르는 큰 차이가 나는 달걀이지."
인사이클로피디아가 빙그레 웃으며 말했어요.

인사이클로피디아가 밝힌 달걀의 차이는 무엇일까요?
🔾 135쪽에 해결이 있어요.

과 학 솔 루 션

날씨가 더우면 왜 시원한 것이 생각날까요?

인사이클로피디아는 날씨가 더운 날이면 오하라 아저씨의 가게를 찾았어요. 소년 탐정 사업이…….

날씨의 예측

여러분은 텔레비전 뉴스에서 내일의 날씨에 대해 알려 주는 것을 본 적이 있을 것입니다. 이렇게 날씨를 미리 안다는 것은 아주 중요합니다. 특히 학교 소풍이나 운동회와 같은 중요한 행사가 있을 때는 더욱 그렇지요. 그래서 사람들은 아주 오래전부터 날씨를 예측하기 위하여 많은 노력을 했습니다.

우리나라에는 날씨와 관련된 여러 가지 속담이 있는데 가장 대표적인 것으로는 '개구리가 울면 비가 온다.', '저녁에 해무리가 생기면 날씨가 맑다.' 등이 있습니다. 사람들은 이렇게 동물이나 자연 현상을 보고 날씨를 예측하기도 했습니다.

그렇다면 오늘날에는 어떻게 일기 예보를 하는 걸까요? 우리나라에서 일기 예보를 하는 곳은 기상청입니다. 기상청에서는 먼저 기상 레이더, 기상 위성, 기상 관측소 등에서 얻은 기상 정보를 분석한 다음 수집된 일기 자료를 정리하여 일기도를 작성한 후 일기 예보를 합니다. 이렇게 만들어진 일기 예보를 방송국이나 신문사, 인터넷 등에 보내게 되고 이 자료를 우리가 전달받게 되는 것입니다.

하지만 이렇게 만들어진 일기 예보도 틀리는 경우가 종종 발생합니다. 그럴 경우 참 당황스럽지요. 그렇다면 왜 이런 일이 생기는 것일까요? 그 이유는 바로 공기의 움직임이 예상과 다르기 때문입니다.

날씨의 변화와 관련된 원인들로 기온, 바람, 기압, 습도 등을 들 수 있는데 이것은 공기에 따라 자주 변화합니다. 따라서 공기가 이동하는 동안 이동하는 경로와 이동하는 속도에 따라 날씨는 지속적으로 변할 수가 있습니다. 아울러 지형적인 영향으로 어느 지역에서는 예상하지 못한 날씨가 나타나기도 합니다. 결국 사람들이 아무리 노력을 한다고 해도 정확하게 날씨를 예측하기에는 어려운 점이 많습니다.

사건을 해결하는 데 도움을 준 과학 지식은 무엇일까요?

우리가 겉으로 보아서는 날달걀과 삶은 달걀을 구별하기는 어렵습니다. 하지만 달걀을 돌리면 아주 간단하게 구분이 가능합니다. 날달걀의 경우 겉은 딱딱한 고체이지만 속은 액체로 되어 있어 회전할 때 서로 움직임이 달라 잘 돌지 않습니다. 하지만 삶은 달걀의 경우 겉과 속이 모두 고체이므로 회전이 잘 됩니다.

정답

날씨가 더운 여름이면 많은 사람들이 시원한 것을 찾게 됩니다. 특히 시원한 아이스크림은 아주 인기가 많지요. 이렇게 더운 날이면 시원한 것이 생각나는 것은 온도와 관련이 있습니다. 사람의 체온은 항상 일정하게 유지되어야 합니다. 따라서 더운 날이면 땀을 배출하여 체온을 식히거나 시원한 것을 섭취하여 온도를 낮추려는 것입니다.

달걀 돌리기 챔피언의 비밀 편

오하라 아저씨가 인사이클로피디아에게 사건 해결의 실마리를 주었다. 아저씨의 가게에서 에디의 달걀이 계산대에서 바닥으로 떨어졌을 때 오하라 아저씨가 한 말은 "깨진 걸 닦아야겠다."가 아니었다. "깨진 걸 쓸어 담아야겠다."였다.

아저씨는 대걸레나 수건을 가져온 것이 아니라 빗자루와 쓰레받기를 가져왔다. 이것으로 인사이클로피디아는 달걀이 삶은 달걀이라는 것을 깨달았다.

에디는 찰리가 표시해 준 달걀을 집에서 삶았던 것이다. 그리고 삶은 달걀은 날달걀보다 더 오래 돈다!

결국 속임수가 들통 난 달걀 돌리기 챔피언은 이전 시합에서 이겨서 가져간 물건들을 모두 되돌려 주었다.

과학탐정 브라운 1 사라진 다이아몬드 목걸이를 찾아라!

펴낸날	초판 1쇄 2009년 7월 13일
	초판 11쇄 2021년 2월 1일

솔루션 집필 및 감수 **신나는 과학을 만드는 사람들**
지은이 **도널드 제이 소볼**
그린이 **박기종**
옮긴이 **이정아**
펴낸이 **심만수**
펴낸곳 **(주)살림출판사**
출판등록 **1989년 11월 1일 제9-210호**

주소 경기도 파주시 광인사길 30
전화 031-955-1350 팩스 031-624-1356
홈페이지 http://www.sallimbooks.com
이메일 book@sallimbooks.com

ISBN 978-89-522-1177-4 74840
978-89-522-1176-7 74840 (세트)

살림어린이는 (주)살림출판사의 어린이 브랜드입니다.

※ 값은 뒤표지에 있습니다.
※ 잘못 만들어진 책은 구입하신 서점에서 바꾸어 드립니다.

사용연령 8세 이상 **제조국** 대한민국
제조년월 2021년 2월 1일 **제조자명** (주)살림출판사
연락처 031-946-1350
주소 경기도 파주시 광인사길 30
주의사항 책을 던지거나 떨어뜨리면 모서리에 다칠 우려가 있으니 주의하세요.
KC마크는 이 제품이 공통안전기준에 적합하였음을 의미합니다.